文庫ぎんが堂

あらすじとイラストでわかる

君主論

知的発見！探検隊

イースト・プレス

平和と安定のための『君主論』

歴史上の事例から学ぶリーダーのための実用書

『君主論』は、1532年に刊行されたニッコロ・マキャヴェリの著作だ。マキャヴェリは、フィレンツェ共和国の元外交官で政治思想家である。フィレンツェ共和国は当時イタリア半島に乱立していた都市国家のひとつで、『君主論』は、そのころのフィレンツェの実質的な支配者であったロレンツォ・デ・メディチに献上する目的で書かれた。

5世紀末に西ローマ帝国が崩壊して以後、イタリア半島は分裂状態となり、19世紀に統一国家であるイタリア王国が成立するまで、さまざまな勢力が争い、また諸外国に圧迫されていた。マキャヴェリが活躍していた15~16世紀も、都市国家同士の激しい戦いや外国の侵略が相次ぐ時代であった。

そんな混迷の歴史が続くイタリア半島に、強い君主が現れて、平和と安定をもたらして欲しいという願いが『君主論』には込められている。そのため、この本では理想的な君主のありかたや、国家の運営方法について、豊富な歴史上の事例を挙げながら具体的に記してある。歴史書であり、かつリーダーのための実用書なのだ。

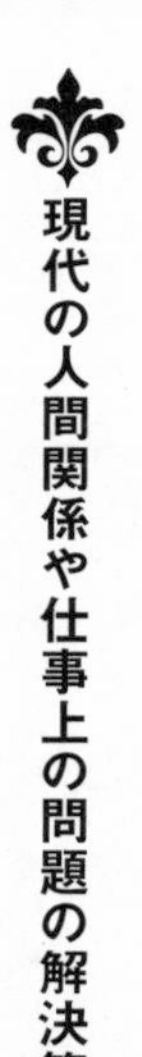

現代の人間関係や仕事上の問題の解決策にもなる

マキャヴェリはロレンツォ・デ・メディチに『君主論』を献上したものの、とくに反応はなかった。しかし、時代を経るにつれ、多くの君主がこの本を手本とするようになり、名著とされるようになっていった。近代以降は君主だけでなく、政治家などもこの本から多くの影響を受けるようになる。そして、現代ではビジネスのリーダーたちにも経営の参考として読まれているようだ。このように、『君主論』に書かれていることは、人々を率いるリーダーにとって時代を超えた価値を有しているのだ。

さらに、普遍的な人間心理や社会に対する鋭い分析も記されている。それゆえリーダーだけでなく、だれが読んでも人間関係やビジネス上の問題を解決する手掛かりを得られるだろう。

『君主論』には「目的のためには手段を選ばない」といった非道徳的な内容が書かれている、という誤解があるかもしれない。しかし、マキャヴェリは世の平和と安定を願って執筆していたのだ。本書を読み、正しい理解が得られれば幸いである。

あらすじとイラストでわかる君主論　目次

Part.1
『君主論』を読む前に

『君主論』にはなにが書かれているのか

古今東西の君主の成功と失敗の原因を分析

『君主論』は、そのタイトル通り、「君主がどうあるべきか」について書かれた本である。そして、マキャヴェリは歴史上のさまざまな君主や君主のいる国を取り上げ、よい君主と悪い君主のちがいはなにか、君主が権力を獲得し、あるいは保持するにはどうすればいいのかについて、詳細に分析している。

マキャヴェリが例として挙げている歴史上の国や人物は、古代ギリシャの諸都市国家からペルシャ帝国の皇帝、16世紀のイタリア半島における都市国家のリーダーたちまでと幅広い。つまり、古今東西の君主の成功と失敗の原因が書かれているのだ。

もっとも、このマキャヴェリの著作にはタイトルがつけられていなかった。マキャヴェリが友人に宛てた手紙のなかで、「君主体制に関する本を書いた」と記しているため、後世、『君主論』と呼ばれるようになったのだ。また、『君主論』というタイトルはイタリア語で「Il Principe」である。一般的に「Principe」は「君主」と訳されることが多いが、「第一人者」と訳されることもある。

すべては民衆の幸福のために

マキャヴェリが『君主論』でいいたかったことは、大きく分ければ次の3つだ。

① 君主は強い軍隊をもたないと国を守れない
② 君主は民衆の支持がなければその地位を守れない
③ 君主は政治を宗教や道徳と切り離して行うべきである

この3つめは、キリスト教への信仰が強かった当時のヨーロッパでは、かなり刺激的な主張であった。そのため後世、マキャヴェリのいいたかったことが「目的のためにはどんな悪いことをしてもいい」と曲解されるようになり、そのような考え方はマキャヴェリズムと呼ばれるようになる。

だがマキャヴェリは、キリスト教の道徳や理想だけでは国を守れないから、あくまで現実に基づいて政治を行うべきとし、それが結果的に民衆の幸せにつながるといっているのである。『君主論』でマキャヴェリはくり返し、君主は善政を敷くことで民衆に愛されなければいけないと書いていることを忘れてはいけないのだ。

『君主論』はどのような構成になっている？

君主国家のさまざまな形式と君主制の成り立ち

『君主論』は、献辞と26の章で構成されている。そして、その26の章はいくつかのまとまりとなっている。

第1章は序章のようなもので、「君主国家にはいくつかの種類がある」ことが記されている。第2章から第11章までは、第1章で示された各種の君主国家の形式のちがいと、君主になるまでのさまざまな道のりについて分析している。たとえば、戦争に勝利して獲得した植民国家と宗教によって支配されている国で、治めるプロセスが変わってくること、裸一貫から実力で君主の座を奪いとった者と世襲の君主では、注意すべき点がちがってくることなどが記されているのだ。

第12章から第14章までは、国家を維持するのに欠かせない軍隊について分析している。マキャヴェリは軍隊には、自国の軍隊と傭兵と外国軍と、それらの混成軍の4種類があるとし、信用できるのは自国の軍隊だけだと強く主張した。それを証明するため、傭兵や外国軍に頼ったことが原因で悲惨な事態におちいった君主や国家について、歴史上の豊富な事例を挙げている。

君主は民衆とどう向き合うべきか

続く第15章から第23章までが、『君主論』の本題ともいうべき内容だ。ここでは君主が民衆に対して、どのようにふるまうべきかについて、詳細に論じている。「君主は野獣の面と人間の面をたくみに使い分けなければいけない」といったマキャヴェリの有名な言葉の多くは、ここで出てくる。

そして、第24章から第26章までは、当時のイタリアやその周辺国の情勢を分析し、具体的な問題解決の提言がなされている。その上で、いくつもの小国に分裂し、外国の圧迫を受けて混乱するイタリアを救う名君が現れて欲しい、というマキャヴェリの叫びで、この本は締めくくられている。

『君主論』の構成

第1章～第11章
さまざまな君主国家と君主について

第12章～第14章
軍隊について

第15章～第23章
民衆との向き合い方について

第24章～第26章
イタリアの政治状況

『君主論』はどう読まれている？

ヨーロッパ全土に賛否両論を巻き起こす

マキャヴェリの死後、1532年に『君主論』が刊行されると、その刺激的な内容はヨーロッパ全土で賛否両論を巻き起こした。16世紀にスペイン国王と神聖ローマ皇帝を兼任していたカール5世は、刊行直後から『君主論』を愛読し、いくつかのページを丸暗記したという。そんな彼は、マキャヴェリの晩年にイタリアへ侵攻し、のちにマキャヴェリの故郷であるフィレンツェを制圧した。歴史の皮肉といえるだろう。

一方、刊行直後から『君主論』を強く批判したのが、カトリック教会だ。宗教を政治から切り離すべきというマキャヴェリの主張を、教会は見過ごせなかった。1559年に教会は、『君主論』を含むマキャヴェリの全著作を禁書としている。

このように『君主論』は称賛と非難の両方を浴びたが、やはり多くの君主や政治家には参考にされたようだ。フランスのルイ13世の宰相だったリシュリューやオランダの君主だったウィレム1世も愛読していたという。

ビジネスリーダーの参考書となる

18世紀に入ると、プロイセン王国のフリードリヒ大王が『君主論』を批判する『反マキャヴェリ論』を著した。この本のなかでフリードリヒ大王は、「マキャヴェリは政治を堕落させ、健全な道徳を破壊しようとした」と非難。これ以降、マキャヴェリズム＝「目的のために手段を選ばない」というイメージが一般に広まっていく。

ただ、同時代のフランスで活躍した思想家ルソーは、著作『社会契約論』のなかで、民衆が君主の支配から逃れるための教科書であり、マキャヴェリの真意もそこにあると、『君主論』を高く評価した。ルソーと同じような思想的立場にあったフランスの哲学者モンテスキューも、同様に『君主論』を評価している。18世紀には、マキャヴェリの思想が君主によって批判され、共和主義者によって称賛されるという不思議な逆転現象が起きたのだ。

そして、現代においては、『君主論』はビジネスリーダーたちの愛読書となっている。マイクロソフト社の創業者であるビル・ゲイツや、ソフトバンク・グループ代表の孫正義らは、『君主論』を熟読し、経営に役立てたという。

マキャヴェリの人生①

生誕と外交官での活躍

いっさい記録が残っていない青年期の10年間

ニッコロ・マキャヴェリは１４６９年5月3日に、フィレンツェ共和国の法律家の家に生まれた。それなりに裕福な家庭であり、父親が読書家だったこともあって、幼いころのマキャヴェリは十分な教育を受けたようだ。

だが、18歳から28歳までのマキャヴェリの生涯については、よくわかっていない。青年期の彼がどこで、どのように過ごしていたのか、いっさい記録が残っていないのだ。

ふたたびマキャヴェリが歴史に登場するのは、１４９８年5月28日のことである。29歳のマキャヴェリは突然、フィレンツェ政庁の新任書記官として抜擢された。ほかにも新任書記官には有力な候補がいたにもかかわらず、なぜ彼が選ばれたのかは不明だ。よほど、優秀だったのだろう。

フィレンツェ政庁第二書記局員に採用されたマキャヴェリは、約2週間後に第二書記局長に選任され、さらにその1カ月後には当時のフィレンツェにおいて政権の中枢を担っていた「軍事十人委員会」担当の書記官にも選ばれている。この異例の出世ぶりからも、マキャヴェリの有能さがうかがわれる。

外交官としてイタリア半島内外を飛び回る

フィレンツェ共和国の公務についたマキャヴェリは、以後14年間、外交官として精力的にイタリア半島内外を飛び回った。この期間にマキャヴェリはフィレンツェ共和国の特使として、教皇ユリウス2世や当時飛ぶ鳥を落とす勢いだった軍人で政治家のチェーザレ・ボルジア、神聖ローマ皇帝マクシミリアン1世などの有力者と直接面会している。このときの経験が、のちに『君主論』を書く際に役立ったことはまちがいない。

このように、マキャヴェリの外交官としての人生は順風満帆かと思われた。ところが、1512年に彼の運命は荒波に突如襲われ、暗転してしまう。

マキャヴェリの人生②

投獄と『君主論』執筆

暗殺計画参加の濡れ衣によって投獄される

1512年、教皇ユリウス2世が主導した、イングランド（イギリス）、スペイン、神聖ローマ帝国、ヴェネツィア共和国などによる同盟軍の攻撃によって、フィレンツェは崩壊してしまった。

これにより、マキャヴェリが仕えていたフィレンツェ共和国の元首ピエロ・ソデリーニは失脚。代わりにフィレンツェの支配者となったのは、スペインの後押しを受けたメディチ家だった。マキャヴェリの同僚たちの多くは、ソデリーニが失脚すると亡命してしまったが、マキャヴェリはフィレンツェに残る道を選んだ。新政権でも、自分の才能は重宝されると考えたのかもしれない。

しかし、マキャヴェリの目論見は外れ、新政権は官職を剥奪し、政庁への出入りを禁止した。それでも、マキャヴェリはほとぼりが冷めれば、ふたたび自分に重要な役職があたえられると信じていたようだ。ところが、1513年にメディチ家の要人暗殺計画を企てていた者が紙片を落としてしまい、そこには同志としてマキャヴェリの名前が記されていたのだ。実際にはマキャヴェリは暗殺計画に参加しておらず、完全に濡れ衣だった。だが、釈明は聞き入れられることなく、牢獄に入れられてしまう。

絶望のなかで執筆を決意する

牢獄のなかで、マキャヴェリは残酷な拷問を受けたという。いつ釈放されるかもわからない絶望のなかで、彼は自分の思想を本にまとめようと心に誓った。

そんなマキャヴェリの過酷な牢獄生活は約3週間で唐突に終わりを告げた。メディチ家から新教皇が選ばれたことによる恩赦で、釈放されたのだ。マキャヴェリは自由の身になったものの、もはや公職につく道は閉ざされていた。

マキャヴェリはしかたなく家族とともに山荘に移り住み、牢獄のなかで決意していた『君主論』の執筆にとりかかったのである。

マキャヴェリは『君主論』をメディチ家に献上することで復職を図ろうとしていたようだが、結局それは叶わずに終わる。その後、マキャヴェリは著述活動に専念し、1527年6月21日に病死した。

マキャヴェリの生涯年表

西暦	年齢	できごと	日本の歴史
1469	0歳	フィレンツェ共和国で誕生する	応仁の乱勃発（1467）
1476	7歳	教師マッテーオからラテン語の文法を学ぶ	応仁の乱終結（1477）
1498	29歳	フィレンツェ政庁第二書記官に採用、翌月には局長となる	北条早雲が小田原城を攻略（1495）
1499	30歳	「ピーサ問題に関する十人委員会への提言」をまとめる	毛利元就生まれる（1497）
1501	32歳	マリエッタ・コルシーニと結婚する	
1502	33歳	チェーザレ・ボルジアと会う	
1506	37歳	「軍隊組織の理由」「軍隊組織の準備」を執筆する	雪舟死去（1506）
1508	39歳	「ドイツ事情報告」を執筆する	足利義尹（義稙）が将軍に復帰（1508）

年	年齢	出来事	日本
1509	40歳	「ドイツ事情および皇帝についての論考」などを執筆する	
1510	41歳	「フランス事情報告」「騎兵隊をめぐる論議」を執筆する	三浦の乱（1510）
1511	42歳	「騎兵隊による軍組織」を執筆する	船岡山合戦（1511）
1512	43歳	官職を剥奪される	京都で梅毒が流行（1512）
1513	44歳	投獄され、のちに釈放される	
1514頃	45歳	『君主論』を執筆する	北条氏康生まれる（1515）
1516	47歳	『君主論』をロレンツォ・デ・メディチに献上する	
1517	48歳	『ローマ史論』を執筆する	今川義元生まれる（1519）
1520頃	50歳	メディチ家から『フィレンツェ史』の執筆を依頼される	武田信玄生まれる（1521）
1527	58歳	死去	
1532		『君主論』刊行	織田信長生まれる（1534）

イタリアの歴史とフィレンツェの興亡

ローマ帝国の解体から5大勢力の台頭へ

イタリア半島では、紀元前753年に都市国家ローマが建設されたと伝えられる。ローマ市は紀元前6世紀に共和制を取り入れ、将軍スキピオらの活躍によって地中海の一大勢力だったカルタゴを破り、しだいに勢力を拡大する。ローマ人はアテネやスパルタといったギリシャの都市国家の文化を吸収したので、ペルシャのキュロス大王やマケドニアのアレクサンドロス大王の事績はよく知られていた。

紀元前1世紀、カエサルが中央集権的な政治体制を整備して帝政の基礎を築き、カエサルの死後はその血縁者や養子などが帝位につくことになった。

ローマ帝国は1～2世紀、ネルウァからマルクス・アウレリウスまで「五賢帝」と呼ばれる5人の皇帝の時代に最盛期を迎える。だが、4世紀に帝国は東西に分裂、476年に西ローマ帝国が解体されて以降のイタリア半島では群雄割拠の時代が続く。

その後、11世紀に十字軍遠征が始まると地中海の交通が活発になり、商業の発達によって、イタリア半島各地の都市では富裕な商人が市政を左右するようになってきた。

15世紀には、フィレンツェ、ミラノ、ヴェネツィア、ナポリ、ローマ教皇領がイタリア半島の5大勢力となる。とくにフィレンツェは、絹織物工業と交易で栄え、1434年以降は金融業で力をたくわえたメディチ家が市政の主導権を握り、レオナルド・ダ・ヴィンチらの文化人を支援して、ルネサンス（文化運動）の最盛期をもたらした。

動乱の15~16世紀　勝者なきイタリア戦争

1494年、フランス国王シャルル8世がナポリの王位継承に介入してきたことから「イタリア戦争」と呼ばれる動乱が勃発する。ときのメディチ家当主ピエロは、フランスの圧力に屈したため、フィレンツェ市民の反感を買って追放された。代わって修道士サヴォナローラがフィレンツェ市政の実権を握るが、厳格すぎる宗教政策で市民の支持を失い、教皇庁とも対立したため、1498年に失脚して処刑された。

一方、ローマ教皇領では教皇アレクサンデル6世のもと、その息子のチェーザレ・ボルジアがフランスの力を借りつつ、イタリア中部に着々と勢力を広げたが、後ろ盾となっていたアレクサンデル6世が1503年に死去すると権力を失った。

イタリアの地図（16世紀）
マントヴァ公国
ミラノ公国
サヴォイア公国
ミラノ
ヴェネツィア共和国
ヴェネツィア
フェッラーラ
公国
ジェノヴァ共和国
ボローニャ
ルッカ共和国
ピサ
フィレンツェ
フィレンツェ共和国
コルシカ
ローマ教皇領
アドリア海
ローマ
サルデーニャ
ティレニア海
ナポリ王国
マキャヴェリの生まれた15世紀末から16世紀ころのイタリアは、いくつもの小国（都市国家）に分裂しており、たがいに争っていた。
シチリア王国

その後もイタリア半島内の各勢力と諸外国の関係は、目まぐるしく移り変わった。新たに教皇となったユリウス2世は、ヴェネツィアの勢力拡大を抑えるため、1508年に神聖ローマ帝国、スペイン、フランスとの間に同盟を結んだが、目的を果たすと一転して、こんどはフランスの勢力を削ぐためヴェネツィアと手を結んだ。

フィレンツェでは、1512年にスペインの後押しでメディチ家が復権した。ほどなくして、スペイン国王を兼任する皇帝カール5世のもとで、神聖ローマ帝国が強大化し、1527年にイタリア半島に侵攻してローマを制圧。イタリア半島の大部分を支配下に置いた神聖ローマ帝国は、メディチ家をふたたび復権させると、アレッサンドロ・デ・メディチに公爵の位をあたえ、メディチ家が統治するフィレンツェ公国が成立した。

長く続いたイタリア戦争は関係する各国の国力をすり減らした。1559年にスペインとフランスは和約を結んで相互の領土保全を認め、ようやくイタリア戦争は終結する。しかし、これ以降もイタリア半島は小国分立が続き、フィレンツェ公国はトスカーナ大公国となるが、1737年にメディチ家は断絶した。

時は流れ、19世紀になるとナポレオンが率いるフランス軍への抵抗をきっかけに、かつてマキャヴェリが唱えたイタリアの解放と統一を求める世論が高まる。やがて、新興勢力のサルデーニャ王国が統一事業を進め、1861年にイタリア王国が成立した。

『君主論』に関わるイタリアの歴史

西暦	できごと	日本の歴史
BC753	ローマ市が建設される	縄文時代（BC25頃）
BC202	第2次ポエニ戦争でローマがカルタゴを破る	弥生時代（BC5～AD3）
BC44	カエサルが暗殺される	
BC27	ローマで帝政がはじまる	
161	マルクス・アウレリウス・アントニヌスが即位（ローマ帝国の最盛期）	鉄器が普及（2C初頭）
395	ローマ帝国が東西に分裂	朝鮮半島出兵（391）
476	西ローマ帝国が滅亡	雄略天皇が宋に使いを送る（478）
752	ローマ教会によるローマ教皇領が成立	東大寺大仏開眼（752）
1096	第1回十字軍遠征が始まる	白河上皇による院政開始（1086）

1115	フィレンツェが自治都市となり共和制を導入	永久の強訴（1113）
1492	ロドリゴ・ボルジアがアレクサンデル6世としてローマ教皇に就任	加賀の一向一揆（1488）
1494	フランス軍がイタリア半島に侵攻。翌年にナポリを制圧	明応の政変（1493）
1500	チェーザレ・ボルジアがフォルリを制圧	「文亀」に改元（1501）
1503	教皇アレクサンデル6世が死去	「永正」に改元（1504）
1508	教皇ユリウス2世、フランスなどと同盟を結成	
1530	スペインの後押しでメディチ家がフィレンツェに帰還	上杉謙信生まれる（1530）
1532	フィレンツェ公国が成立（のちにトスカーナ大公国に昇格）	
1559	カトー・カンブレジ条約が結ばれてイタリア戦争が終結	桶狭間の戦い（1560）
1737	トスカーナ大公国でメディチ家が断絶	享保の大飢饉（1732）
1861	サルデーニャがイタリア半島を統一し、イタリア王国が成立	寺田屋騒動（1862）

『君主論』に登場する人物の相関図

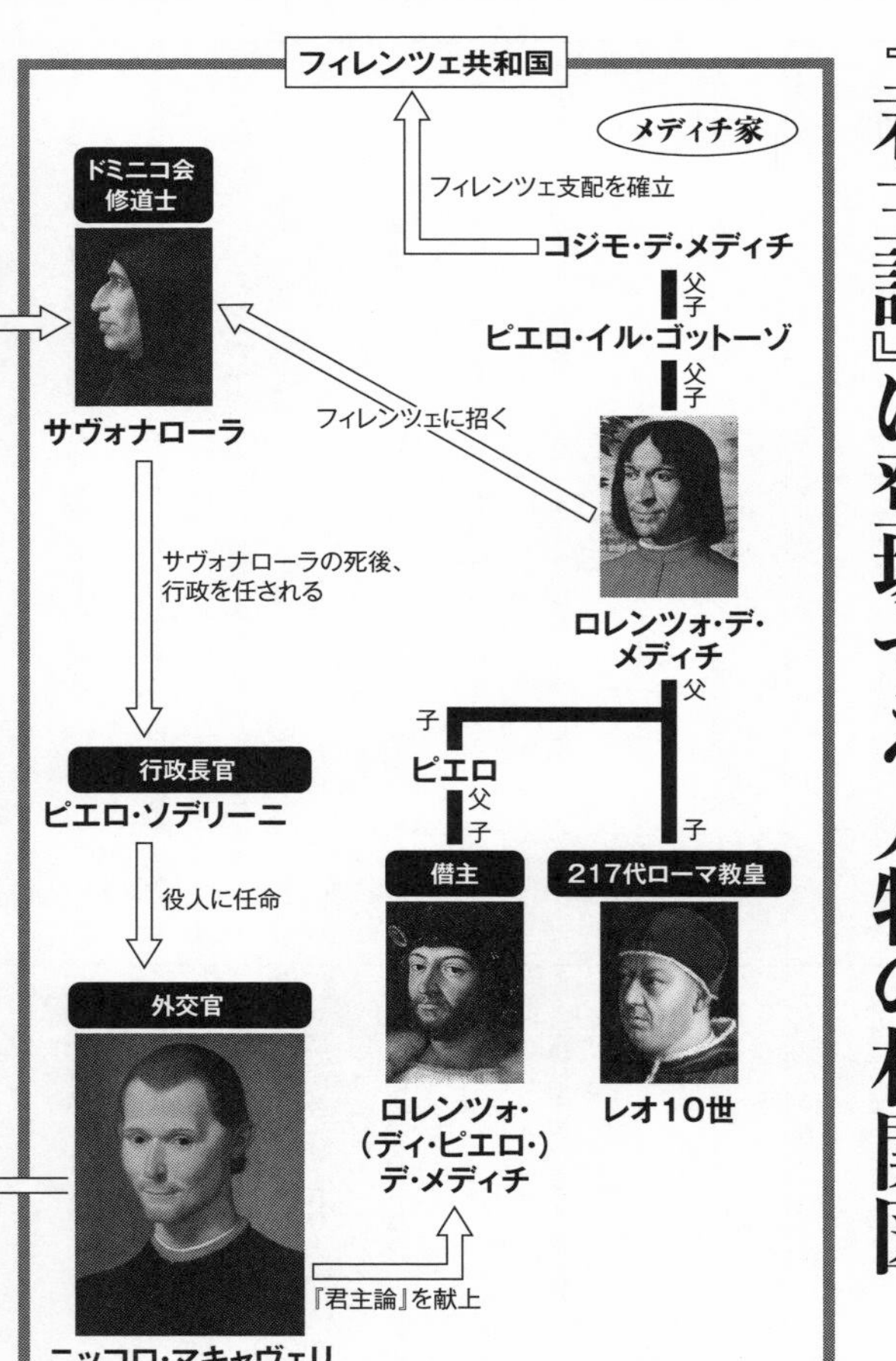

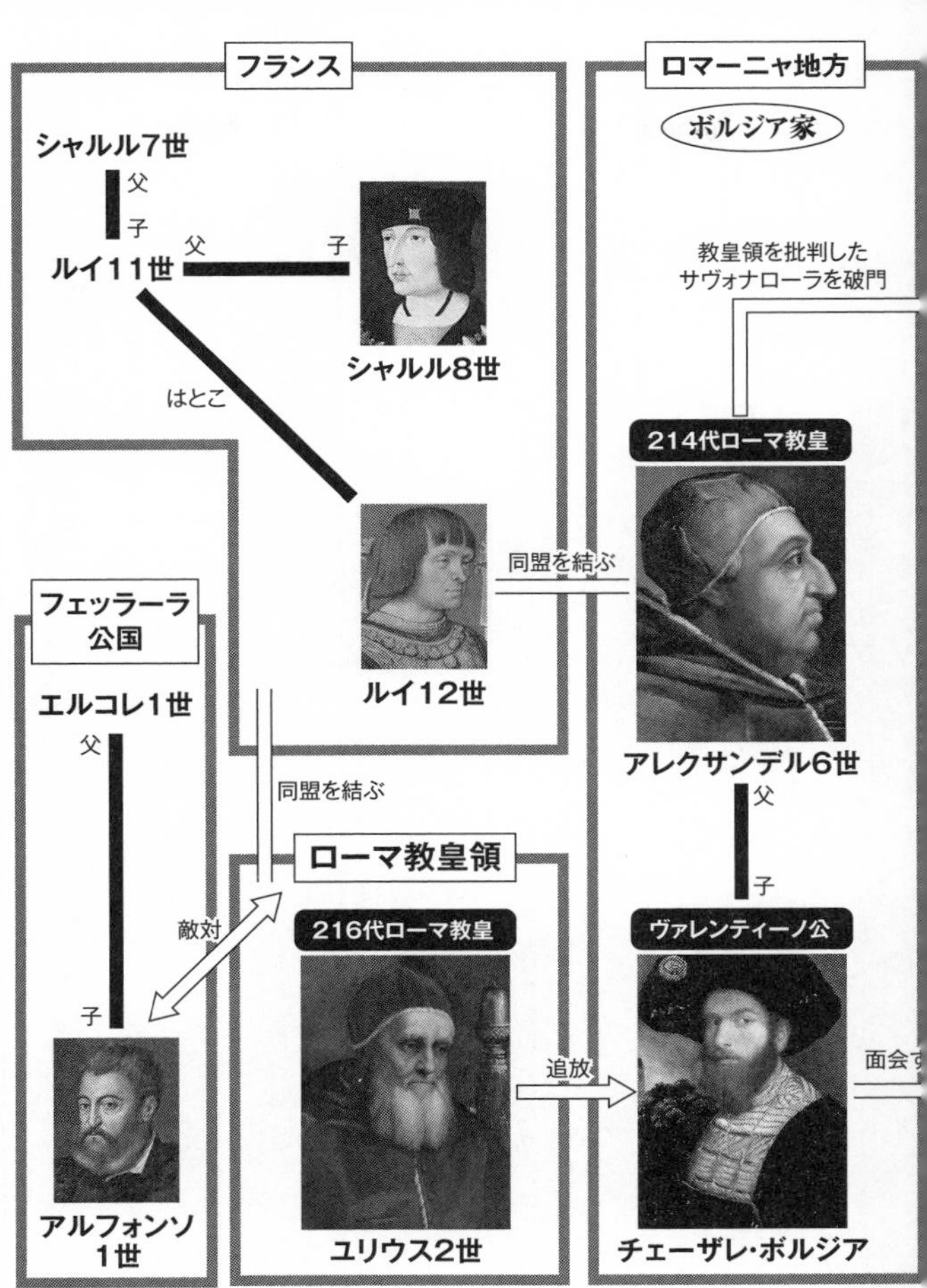

フランス
シャルル7世
父
子
ルイ11世
父
子
シャルル8世
はとこ
ルイ12世
同盟を結ぶ
ロマーニャ地方
ボルジア家
教皇領を批判した
サヴォナローラを破門
214代ローマ教皇
アレクサンデル6世
父
子
ヴァレンティーノ公
チェーザレ・ボルジア
面会す
フェッラーラ
公国
エルコレ1世
父
子
アルフォンソ
1世
敵対
同盟を結ぶ
ローマ教皇領
216代ローマ教皇
ユリウス2世
追放

『君主論』に登場する君主たち

さまざまな君主の長所と短所

マキャヴェリは『君主論』のなかで、統治の方法や推奨される考え方・行動を解説するための例として、さまざまな歴史上の君主を登場させている。ギリシャ神話に登場する伝説の王テーセウスや、古代イスラエル王国建国の礎をつくった預言者モーセなどの架空の人物から始まり、ローマ帝国の多くの皇帝たち、そしてマキャヴェリが同時代を生きた君主たち、宗教的権威をもつ人物まで、多くの例を挙げて論じた。

この項目では、『君主論』内で頻繁に登場する君主について紹介。その君主がどういった点で優れていたのかを示す「長所」、欠点や過ちを示す「短所」を、その下部にはマキャヴェリがその君主をどう評価したかに基づき、「知力」「軍事力」「政治」「運」「財力」の5つの能力を5段階で評価したチャートを配置している。

古代の西アジアを再編した帝王

キュロス2世

【生没年】
BC600～BC529

【主な登場】
第6章①(p68)
第14章(p124)

君主の特徴

長所

軍事の才は抜群で
支配下の民にも寛容

帝位についたとき高齢で
征服事業は次代が継承

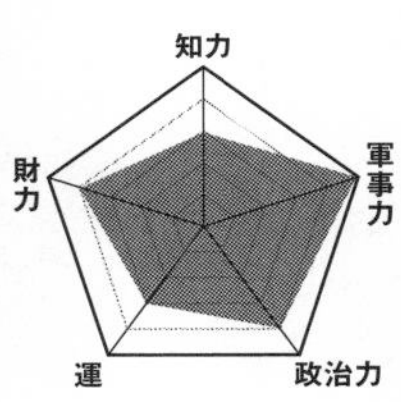

紀元前7世紀の西アジアの大部分を支配していたメディア王国で、現在のイラン南部を治めるアケメネス一族に生まれる。紀元前550年に反乱を起こしてメディア王国を滅ぼし、新たにみずからアケメネス朝ペルシャを築いた。

さらに大遠征を行い、リディア王国（現在のトルコ一帯）や、ギリシャ東部、新バビロニア王国（現在のイラク・シリア一帯）も征服したが、エジプト攻略は果たせないまま没する。かつて新バビロニア王国に囚われていたユダヤ人を解放してエルサレムに帰国させるなど、他民族の宗教文化も尊重した。

古代オリエントを統一した征服王
アレクサンドロス大王

君主の特徴

多様な民族をまとめた
強いリーダーシップ

自分の死後の統治ビジョン
がとぼしかった

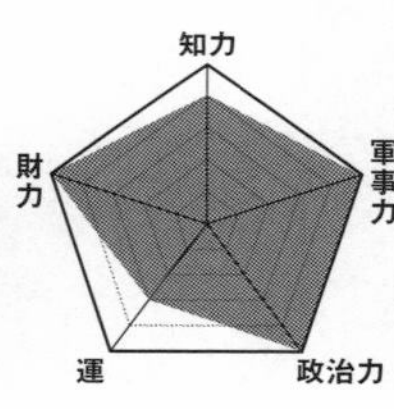

【生没年】
BC356～BC323

【主な登場】

第4章（p60）
第14章（p124）

古代ギリシャのマケドニア王国の王家に生まれ、少年期は哲学者アリストテレスから教育を受けた。父のフィリッポス2世の死後、20歳で王位につく。近隣のギリシャの都市国家を傘下に引き入れ、かねてギリシャをおびやかしていた東方のペルシャ帝国を含む古代オリエントへ大遠征を行う。

遠征の途上でエジプトやシリアを次々と占領、紀元前３３０年にペルシャを征服し、インド北西部にまで進軍。各地に自分の名を冠したアレクサンドリア市を建設させ、ギリシャ文化と東方文化の融合をはかる。しかし、熱病のため32歳で早世し、死後にその広大な領土は分裂してしまった。

地中海にローマの覇権を確立した英雄

スキピオ・アフリカヌス

【生没年】
BC236~BC184

【主な登場】
第14章（p124）
第17章②（p140）

君主の特徴

長所
大胆な戦略によって
強敵を次々と撃破

短所
部下の統制が不十分
政界工作も下手

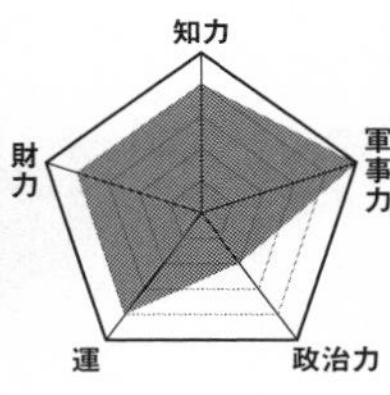

ローマの名門貴族として生まれる。紀元前218年に、ローマと地中海の南岸にあるカルタゴ（現在のチュニジア）との間で第2次ポエニ戦争が勃発して以降、軍人として活躍。イベリア半島を占領していたカルタゴ軍を撃退し、紀元前202年には北アフリカに侵攻してカルタゴ本国を攻撃。カルタゴ軍の名将ハンニバルを破って、地中海におけるローマの覇権を確立した。

その後、東方にも遠征してシリアを征服するが、有力政治家のカトーと対立して失脚。後世では大スキピオと呼ばれ、のちに孫の小スキピオが第3次ポエニ戦争でカルタゴを完全に制圧した。

ローマ繁栄の礎を築いた英雄

ユリウス・カエサル

【生没年】
BC100〜BC44

【主な登場】
第16章（p132）

君主の特徴

長所
戦争には強く
臣下に対して気前がよい

短所
高慢で身内の不満に
気づけなかった

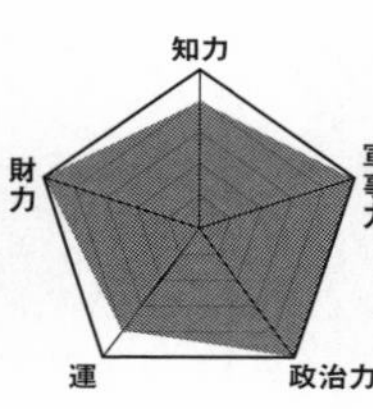

共和制ローマの名門貴族として生まれ、小アジア（現在のトルコ）遠征で軍功を挙げたのち、財務官や大神官を歴任。豊富な財産を市民の祭事や有力者の買収に惜しみなく使い、ローマ政界の有力者となる。

紀元前60年に軍人のクラッスス、ポンペイウスと組んで「三頭政治」を行う。さらに西方のガリア（現在のフランス）を平定、エジプトも支配下に置いた。クラッススの死後はポンペイウス一派を打倒して権力を握ると暦法や市民法を普及させ、中央集権的な政治体制を築く。だが、腹心など独裁に反対していた勢力によって暗殺された。

ローマ帝国最盛期の最後を飾る哲人皇帝
マルクス・アウレリウス・アントニヌス

【生没年】
121〜180

【主な登場】
第19章②（p156）

君主の特徴

長所
思慮深く潔癖で、前代の有力者との関係も良好

短所
戦乱に追われて政治の不安定要素が高まった

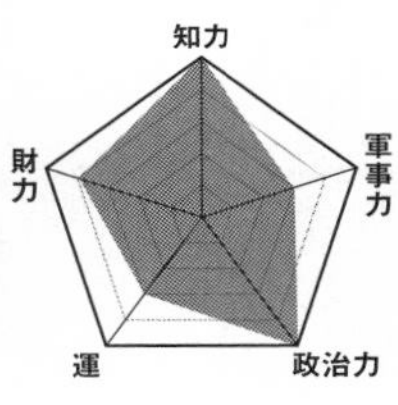

イベリア半島出身で、先代の皇帝アントニヌス・ピウスの養子（娘婿）となり、さらにピウス帝との共同統治を経て161年に即位した。

青年期からギリシャのストア派哲学に深く傾倒し、著書の『自省録』を残した。東方のパルティア帝国の侵攻を退けるが、ローマ領内に侵入するゲルマン人との戦争に追われ、戦地で病死する。帝位は実子のコンモドゥスに引き継がれた。

ローマ帝国では96年に即位したネルウァ帝から、マルクス帝までの5代を「五賢帝」と呼び、帝位の継承はスムーズで名君が続いた。しかし、マルクス帝の死後は戦乱が相次ぐことになる。

アレクサンデル6世

汚名を浴びつつも策略で生きのびた教皇

【生没年】
1431～1503

【主な登場】
第7章②（p80）
第18章②（p148）

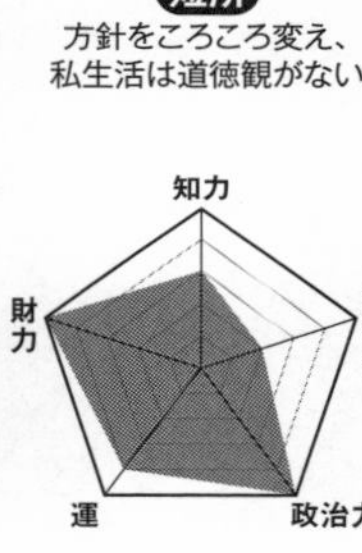

君主の特徴

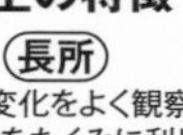

長所
情勢の変化をよく観察し
有力者をたくみに利用

短所
方針をころころ変え、
私生活は道徳観がない

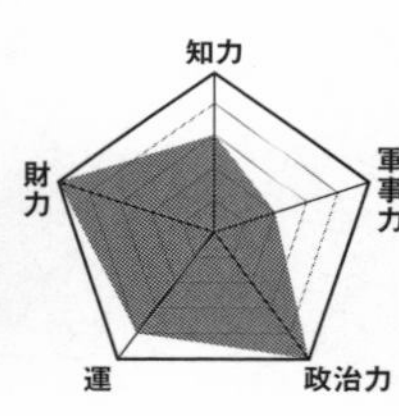

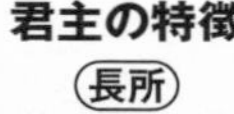

スペインのボルジア家出身。豊富な財力による聖職者の買収と一族の人脈によって教皇庁の有力者となり、1492年に教皇に就任した。

聖職者ながら複数の愛人をもち、内政では汚職や腐敗を蔓延させたが、芸術家や文化人の経済的支援に力を入れ、外交能力は高かった。

南北アメリカ大陸でのポルトガルとスペインの争いを調停してトルデシリャス条約を結ばせ、両国の勢力圏を決定させた。また、息子のチェーザレの軍事力、娘のルクレツィアを使った政略結婚などにより、フランスやフィレンツェ、ヴェネツィアなどの諸勢力との戦争を乗り切った。

知略で乱世を生きた悲運の君主
チェーザレ・ボルジア

【生没年】
1475〜1507

【主な登場】
第7章②（p80）
第13章②（p120）

君主の特徴

長所
有力者を手玉に取り
軍の指揮も優秀

短所
父の縁故以外の
権力基盤が弱かった

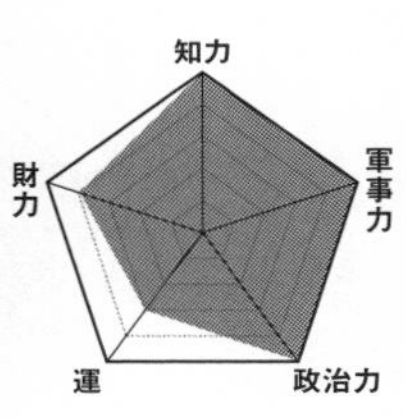

　教皇アレクサンデル6世の私生児で、父の後ろ盾により教皇領の要職を歴任した。のちにフランスに派遣され、国王ルイ12世の信頼を勝ち取る。

　１４９８年に教会の聖職を辞し、その後ルイ12世の従妹にあたるナバラの王女と結婚。以降は政治家・軍人として活躍し、ヴァレンティーノ公と呼ばれた。みずから傭兵部隊を率いてイタリア半島中部のイモラ、フォルリ、ウルビーノなどを次々と制圧、さらにロマーニャ公の地位につく。

　だが、１５０３年に父のアレクサンデル6世が死去すると、新教皇のユリウス2世によって追放され、逃亡先のナバラ王国で死去した。

ユリウス2世

「軍人教皇」と呼ばれた教会指導者

【生没年】
1443~1513

【主な登場】
第11章②(p104)
第25章②(p208)

君主の特徴

長所
即断即決で
頭の切り替えも速い

短所
聖職者としては好戦的で
強引な性格

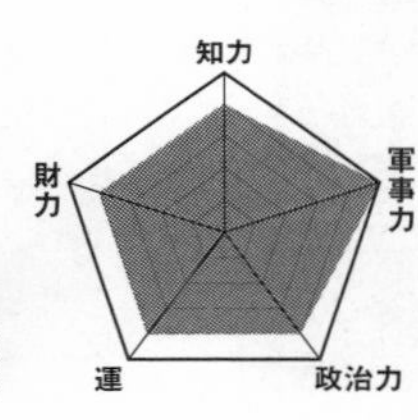

教皇シクストゥス4世のおいで、教皇アレクサンデル6世と対立しつつ、聖職者としての地位を固めた。1503年にアレクサンデル6世が没したのち、短命に終わった新教皇ピウス3世の後を継いで教皇に就任。教皇領からボルジア家の影響力を一掃し、チェーザレを追放した。

みずから軍事的な指導力を発揮し、1508年にはフランスや神聖ローマ帝国とカンブレー同盟を結び、ヴェネツィアを攻略。また、フランスが強大化すると、一転してフランスと敵対した。

また、聖ピエトロ大聖堂の改築を進め、ミケランジェロ、ラファエロらの芸術家を支援した。

フランスの勢力拡大をねらった国王

ルイ12世

【生没年】
1462～1515

【主な登場】
第3章③（p56）
第12章②（p112）

君主の特徴

長所
イタリア内の利害関係を
たくみに利用

短所
方針が一貫せず
占領政策が中途半端

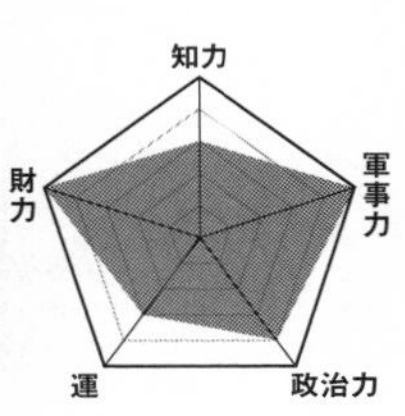

フランスの名門貴族オルレアン公の子として生まれる。１４９４年にフランス軍がイタリア半島に侵攻すると、前線で指揮官を務めた。

先代の国王シャルル８世が１４９８年に死去すると、王位を継いでイタリア戦争を継続。教皇アレクサンデル６世やヴェネツィアと手を結び、ナポリ、ミラノ、ジェノヴァを勢力下に置く。しかし、占領地支配は不十分で、新教皇ユリウス２世の方針転換、神聖ローマ帝国やスペインの介入によってイタリア半島内の支配地を次々と失った。

一方、内政では税制改革や法制度の整備を進め、ルネサンスの発展に寄与した。

もっと知りたい

『君主論』以外のマキャヴェリの著作

マキャヴェリはメディチ家に献上するために『君主論』を執筆したあとも、戦術書やローマの歴史書などを記し、さらには喜劇の脚本も手がけていた。ここではマキャヴェリの著作の4冊を紹介する。

『戦術論』

軍事書で、古代ローマでの軍の組織編制、作戦内容、指揮官の心得などが解説されている。本書では市民が兵役の義務を持っていた古代ローマの体制を参考とし、武装した市民がみずから都市を自衛することを唱えた。

『マンドラゴラ』

ほかの著作とは異なり、喜劇の台本として書かれたもの。金持ちの夫人と修道士の情事を題材とし、当時のカトリック教会の聖職者を風刺している。マキャヴェリの存命中から広く読まれ、好評を博した作品だった。

『フィレンツェの歴史』

©Battlelight

メディチ家の依頼を受けて執筆された歴史書。古代ローマ時代からロレンツォ・デ・メディチが没した1492年までの出来事を記し、ルネサンス期の文化振興に力を入れたロレンツォの事績を高く評価している。

『政略論』

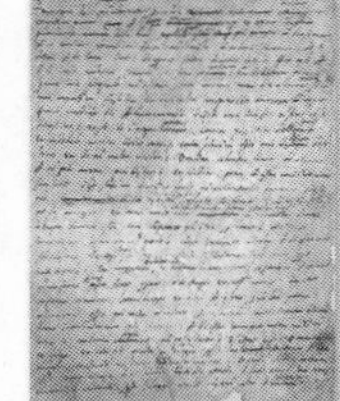

『政略論』(『ローマ史論』)は、古代の歴史家リウィウスが著した『ローマ史』を解説したものだ。『君主論』と同じく、君主政、貴族政、民主政など各種の政体を比較しつつ、『君主論』とは対照的に、人民の立場から政治を論じている。

Part.2
『君主論』を読み解く！

あらすじ

第1章　君主制の種類

歴史上に存在してきたあらゆる国は、大ざっぱにいえば2種類に分けることができる。ひとつは「共和制の国」、もうひとつは「君主制の国」だ。

「君主制の国」は、世襲によって長くその家系が君主の地位を保ってきた国と、新しく誕生した国に分けることができる。さらに、新しく誕生した国も新しい人物が一からつくったものと、スペイン王の所領となったナポリ王国のように既成の王家に併合されて生まれたものがある。

どのような経緯で成立した「君主制の国」であれ、それまでその地が君主による統治に親しんできたのか、それとも民衆が自由に暮らしてきたのかで、その国をどう治めるべきかが変わってくる。

また、その地を君主が自分の軍で制覇したのか、他人の力を借りたのか、もしくはその人物が君主になったのは実力か運かで、君主のありかたは大きく変わってくるのだ。

解説

君主制にもちがいがあるのか？

さまざまな君主制がある

マキャヴェリは、すべての国は、市民たちの自治で運営されている「共和制」か、王が治めている「君主制」のどちらかだという。そして、同じ「君主制」にも、世襲の君主国と新興の君主国があり、新興の君主国にも「一からつくった新しい国」と「既成の王家に併合された国」がある。

それらの君主国は、地域の歴史的背景や軍備、君主の経歴など、国によってちがう。それぞれに長所と短所があり、君主がどのようにふるまえばいいのかも変わってくる。

マキャヴェリは、『君主論』のなかで各タイプの君主制の国における問題点や後世の者が見習うべき点、あるいは普遍的な教訓についてくわしく分析を行っている。

まとめ

◉君主制の国には「世襲の君主国」と「新興の君主国」がある。

あらすじ

第2章　世襲の君主制について

君主制の国には、代々世襲の君主によって治められてきた国と、新たな君主が統治する国の2種類がある。

そんな君主制の維持に関して第一にいえることは、世襲の君主によって統治される国は、新しく君主が立ち上げた国よりも、その維持がはるかに容易だということだ。

世襲の君主は、先代の王たちが積み重ねてきた慣習を変えないようにし、なにか問題が起きても慎重にあつかっていれば、それだけで国の統治はうまくいく。そうやって世襲の君主が国を治めていれば、その君主の能力がとくにすぐれていなくても、平穏に国を治めていくことができるだろう。

もちろん、世襲の君主が、内部の敵や外部の敵に権力を奪われることはある。だが、そのような場合も、権力を奪った者が死んだり、失敗をしたりすれば、すぐに権力を取り戻すことができる。

世襲の君主ゆえに、国の統治がうまくいった例としては、イタリアの歴史においてはフェッラーラ公国が挙げられる。

この公国では、エルコレ1世が治めていた1484年にヴェネツィアから攻撃されたが耐え抜き、アルフォンソ1世が治めていた1510年には教皇ユリウス2世から攻撃されたが、これも耐え抜いた。

それぞれの王はとくに優秀だったわけではない。それでも一族が代々この地を治めていたという理由だけで、生き延びることができた。
世襲の王家に生まれた君主は、新しく君主になった者とはちがい、だれかと敵対する理由も必要性も少ない。そのため、普通に統治をしているだけで民衆から愛されるのである。
よほど悪い君主で民衆から憎まれれば別だが、そうでなければ民衆は世襲の君主に忠誠を誓うことを当たり前のこととして受け入れる。
もし、初代の王が残酷なことをして権力を握ったとしても、統治が何代も続けば人々はそのことを忘れるだろう。

解説

能力と血筋、どちらが重要？

長年のやり方を変えないことが大事

マキャヴェリは第2章で、君主制では代々同じ一族が治める世襲のほうが統治しやすいと述べている。

すぐれた能力をもった君主が立ち上げた新しい国より、平凡だが代々続いている君主の国のほうが統治に困難が少ないといっているのだ。

世襲の君主は、長年続いてきたやり方を変えないだけで、統治に問題は起きないとマキャヴェリはいう。逆にいえば、自分が君主になったとき、はりきって新しいやり方を導入しようとすれば周囲は戸惑い、国は不安定になるということである。

急激な変革が混乱を生みだし、組織を弱体化させるというのは、国家にかぎらず、企業など、あらゆる組織に共通することだろう。先代から権力を受け継いだ者が自分らしさを打ち出そうと、焦って新しい方針を押しつけることはよくあるが、たいていの場合、人々は急激な変化についていけないのである。

もし、権力を受け継いでなにか変化を生みだしたいと思ったら、慎重に時間をかけてゆっくりやるべきだ。焦って強引に推し進めれば、それは世襲の利点をみずから捨てるのと同じことになる。

世襲であれば愛されやすい

人間は変化を好まないため、君主が世襲制であるだけで民衆から支持されやすい。世襲の君主国フェッラーラ公国は、イタリア北東部のヴェネト地方で13世紀から16世紀にかけて存在した国だ。

歴史に名を残すような名君はおらず、代々の君主は平凡だったが、それでも強国の圧力に負けず、国を維持できた。それは、世襲ゆえに国民に愛されていたからだ。

世襲の王の統治方法

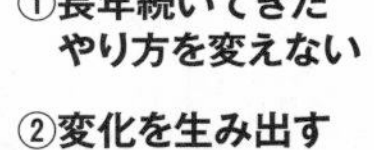
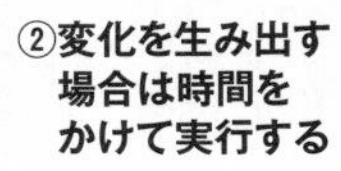

①長年続いてきたやり方を変えない

②変化を生み出す場合は時間をかけて実行する

なぜなら

新しい方針を押しつけても急激な変化には人々がついていけない

まとめ

- ◉世襲の君主のほうが国を維持しやすい。
- ◉人間は急激な変化についていけない。
- ◉能力よりも血筋が大事。

あらすじ

第3章 複合的な君主制について①

新しい君主がつくった国には、さまざまな困難がつきまとうものだ。まず、まったく完全に新しい人物がつくった国ではなく、ある王国が別の王国によって征服されたパターンを見ていく。これを「複合的な君主制」という。

このような複合的な君主制の国の場合、征服された国では新しい君主への反抗が起こりやすく、統治は安定しない。なぜなら、多くの場合、その君主は征服の際、その国の民衆へ被害をあたえているからである。

また、新たな君主の統治がはじまると、民衆は反発すると同時に、前よりいい生活が送れるのでは、という過度な期待もしてしまう。だが、その期待はたいてい叶わないものだ。これもまた、反抗の芽となってしまう。

ここからわかることは、どれほど強い兵力をもった君主であっても、ある地域を支配下に収めるためには、必ずその国の人々に好感をもたれなければならないということである。

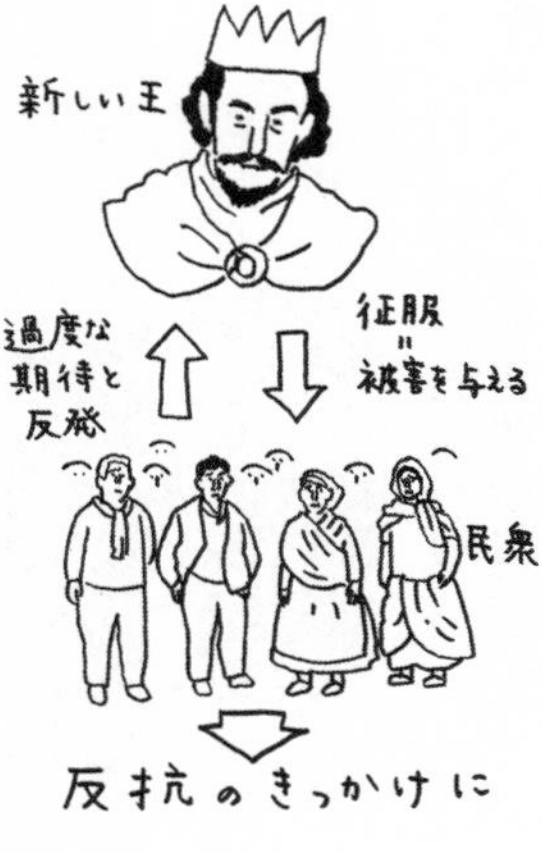

ある国が他の国を征服したとき、それらふたつの国の言語が同じならば支配するのは比較的たやすい。言語が同じ場合、だいたい慣習も似たようなものなので、民衆は君主の交代に対して、それほど抵抗感を覚えない。新たな君主がやるべきことは、前の君主の一族を根絶やしにしてしまうことだけだ。あとは、征服された国で以前から続いていた法律や税制をそのままにしておくだけで支配は安定する。

異なる言語や慣習、法律をもった国を支配するのは、かなり困難であり、維持には多大な労力と幸運が必要になる。少しでも支配を安定させたいと思うならば、君主は新たに獲得した地域にみずからおもむき、そこに住むことだ。

　そうすれば、民衆も新しい君主を受け入れやすくなる。また万が一、反乱が起きたとしてもすぐに君主みずから鎮圧することができるので、支配が安定するのだ。

解説

前の君主をどうあつかえばいい？

人々の過度な期待を抑える

マキャヴェリは、以前まで別の君主が治めていた国を征服した際の統治のむずかしさについて述べている。

ここでまずポイントとなるのは、「新たな君主の統治がはじまると、民衆は反発すると同時に、前よりいい生活が送れるのではという過度な期待をしてしまう」という点だろう。君主が代われば生活がよくなるという根拠は、まったくない。にも関わらず、人はそれを期待してしまうのである。

これはたとえば、新しい社長がやってくると、それだけで給料がよくなるのではとか、労働環境が改善されるのではと社員が期待してしまうのと同じことだ。そして実際はなかなかそうならない。

君主の側からいえば、民衆のそういった無理な欲求をうまく抑えながら、好感をもたれるよう尽力しなければならない。

前の君主の影響力を排除する

もうひとつ、マキャヴェリは「言語が同じ国なら支配しやすい」とも述べている。言語が同じなら、たいてい慣習も同じなので、民衆は君主が代わっても、その支配をスムーズに受け入れてくれる。

これは、企業が新社長を他社から迎え入れる場合、自動車メーカーなら別の自動車メーカーから迎え入れたほうがうまくいくという話である。もし、金融業やサービス業など、まったく別の業種から新社長を迎えてしまうと、経営理念や業界のルールがちがうので無駄な軋轢も多くなってしまう。

最後にマキャヴェリは、「前の君主の一族は根絶やしにすべき」ともいっている。企業でいえば、温情で前社長を顧問などにして残してしまうと、新社長はその影響力のせいで苦労するだろうということだ。

新君主がやるべきこと

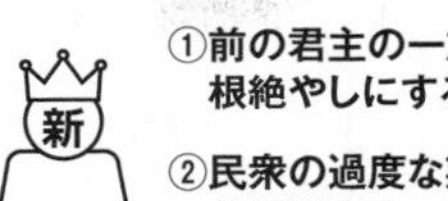
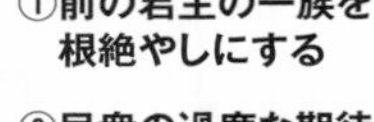
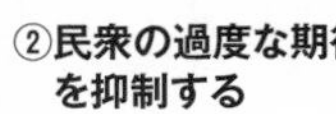

①前の君主の一族を根絶やしにする

②民衆の過度な期待を抑制する

つまり

前任者の影響を排除し民衆から好かれる努力をすれば反抗を防げる

まとめ

- ◉新しい君主は過度な期待を受けるため、無理な欲求をうまく抑える。
- ◉前の君主の影響力を絶対に残してはいけない。

あらすじ

第3章 複合的な君主制について②

君主が新たな領地を獲得したとき、統治を安定させるのに一番いい方法は、自分がその地域に移住し、そこで暮らすことだ。しかし、もしこの方法がとれないとしたら、次によい策は本国から植民兵を送り込むことである。

植民兵とは、その土地で普段は農業や商業などに従事して生活を営みながら、いざ戦争となったときは兵士となる人々のこと。征服した地域に植民兵を送り込むためには、当然、その征服地にもとから住んでいた人たちを追い出さなければならない。

だが、植民兵を送り込む先を、その国の要となる1、2カ所に絞れば、大多数の民衆は自分にとってあまり関わりのないことだと思うので、反抗は起きづらい。

もちろん、土地を奪われた人々は恨みを抱くだろう。このとき大切なのは、それらの人々の力を武力や法などによって完全に削ぎ、破滅させることである。中途半端に温情をほどこすと、彼らは復讐する力を残してしまい、統治は安定しない。だれかを傷つけなければならないときは、復讐されないくらい徹底的にやらなければならない。

新たな支配地を獲得した君主は、国内の反抗しそうな民衆の力を削ぐとともに、国外のさまざまな勢力が力をもたないよう、注意を払うべきだ。

敵対的な大国に対してだけではなく、近隣の友好的な小国に対しても同じように注意を払わなければならない。なぜなら、友好的な小国だったとしても力をつければ、いつ敵対することになるかわからないからである。

これに関しては、問題が発生してから対処したのでは遅すぎる。つねに未来を予測し、相手が力をつけそうになる前に、その芽をつぶしていかなければならない。

いちど力をつけてしまった相手を弱体化させるのは、非常にむずかしいことだ。これは、病気を早期に発見すればするほど治療しやすいのと同じことである。

新たな領土を手に入れたらどうするべきか?

恨まれる相手は最小限にする

マキャヴェリは、ある君主が別の国を征服したら、その獲得した国に移って、直接支配すべきだと述べている。これはいわば、企業が海外に支社をつくった際には、しばらくのあいだ、社長みずから海外にわたり、そこを拠点として指揮をとるべきということである。

そして、もしそれがむずかしいならば、現地雇用の人間に支社をまかせたり、本社からだれかを交代で出張させるのではなく、信頼できる幹部を長期的に海外に移住させて支社の運営にあたらせるのがいい。それが、マキャヴェリのいう「植民兵」だ。

ところで、ある国が他の国を征服すれば、どうしても征服された国の民衆の恨みを買うことは避けられない。だからこそ被害をあたえる民衆の数は、可能なかぎり少なくする必要がある。その上で、被害をあたえるのが避けられない相手に対しては、徹底的に壊滅させるべきだとマキャヴェリはいう。長い目でみれば、それが統治を安定させることになるのだ。

普段からの準備が大切

他にも、新たな領土を獲得した君主が気を配らなければならないことは多い。なかでも大事なのは、周囲に自分たちをおびやかす勢力が現れないようにすることだ。

そのためには、そのような敵対勢力が現れる前に対処することが肝心である。危機を目の前にしてから対処したのでは遅すぎるのだ。

企業でいえば、ライバル会社が、どのような新商品を開発しているのかなどを十分調査した上で、普段から自社でも対抗策を準備しておくということである。そうしなければ、競争に勝ち抜くことはできない。

別の国を征服したらやるべきこと

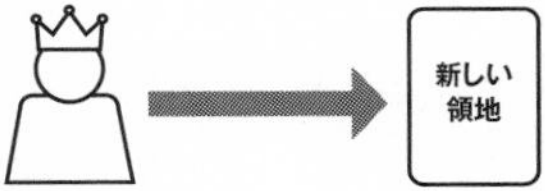

新しい領地

①その国に移って直接支配する
②現地にいる部下(植民兵)に支配させる
③争いを避けられない相手は徹底的に壊滅させる
④自分たちを脅かす勢力が現れる前に対処の準備をする

まとめ

◉被害をあたえる人数は最小限にする。
◉被害をあたえる相手は徹底的につぶす。
◉問題発生の前に対処の準備をしておく。

第3章 複合的な君主制について③

君主が他国を征服しながらも、それを維持できなかった例としては、ルイ12世がわかりやすい。ルイ12世は1500年にイタリアのミラノを支配下に収めたものの、維持することができず、結局その地を失ってしまった。つまり、これは複合的な君主制の失敗例である。

ルイ12世の時代、フランスは大国であり、ミラノ征服自体はそれほどの困難もなく成功した。そして、このルイ12世の勢いに、ジェノヴァなどイタリアの小国はそろってフランスに従属したのである。

もしルイ12世が、それら周辺の弱小勢力が力をつけすぎないよう気をつけつつ、友好関係を保ち、彼らを保護する姿勢を見せていれば、ミラノの支配を維持することは、それほどむずかしくなかっただろう。

しかし、ルイ12世はイタリアで強い影響力をもっていた教皇アレクサンデル6世のロマーニャ地方占領に手を貸してしまったのだ。これにより、ローマ教皇は宗教的な権威だけでなく、広い領地も手に入れてしまう。

イタリア国内の弱小勢力は、ローマ教皇の影響力からの盾としてフランスの力を頼りにしていたため、ルイ12世のこの決断は裏切り行為以外のなにものでもなかった。

こうして、弱小勢力はフランスから離反してしまったのである。

さらに、ルイ12世はもうひとつ大きな失敗をしている。フランス一国でナポリを攻略する自信がなかったため、強国スペインとのあいだでナポリを分割する約束をし、協力して攻撃したのである。これにより、フランスはイタリアに別の強い勢力を招き入れることになった。

イタリア国内でローマ教皇の力を強め、国外からスペインを招き入れたことで、ルイ12世はイタリアからの撤退を余儀なくされたのだ。他者が強大になる要因を招いた者は必ず滅びゆく。これは、歴史の大原則である。

解説

避けられない戦いと対峙したときは？

失策続きで自滅したフランス

第3章のまとめとしてマキャヴェリは、君主が海外の領土を獲得しながら失った例に、16世紀のフランス王ルイ12世を挙げている。

ルイ12世は自身が祖母からミラノの相続権を受け継いでいると主張し、ヴェネツィアと同盟を結んだ上で1499年にミラノに兵を送り、たやすく占領した。だが、ルイ12世の統治に失望したミラノの民衆の反乱もあり、ミラノ公ルドヴィーコによってフランスはすぐにミラノを奪い返されてしまう。

その後、ルイ12世はフランス軍を送り、ふたたびミラノを占領、そしてイタリアの広範囲を支配するまでとなった。しかし、イタリアでローマ教皇の勢力が拡大することに力を貸してしまったことと、強国スペインをイタリアに招き入れてしまったことで、フランスはイタリアでの権益をすべて失ってしまうのである。

避けられない戦いからは逃げるな

内でローマ教皇という敵対勢力を育て、外からスペインという敵対勢力を招き入れていては、フランスがイタリアを失ったのも当然といえる。

マキャヴェリは、このふたつの失策を非難した上で、さらにルイ12世がイタリアに移住しなかったことや植民兵を送らなかったことなども失敗の原因に挙げている。

ちなみに、ルイ12世がローマ教皇やスペインに融和的な政策をとったのは、それらの勢力との無用な戦争を避けるためだったと弁護する意見もある。しかし、現代の企業でも、もしライバル他社との競争が避けられないならば、逃げたとしても自社の不利益にしかならないだろう。

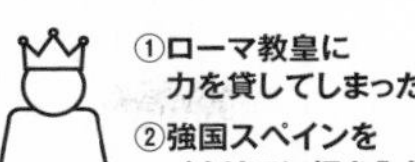
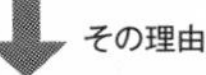

ルイ12世の失敗

①ローマ教皇に力を貸してしまった
②強国スペインをイタリアに招き入れた

↓ その理由

無用な争いを避けるためだった

↓ つまり

避けられない争いから逃げるのは敗北への第一歩

まとめ

◉避けられない戦いは逃げてはいけない。
◉避けられない戦いから逃げることは敗北への第一歩である。

第4章 アレクサンドロス大王の死後、ペルシャで反乱が起こらなかった理由

アレクサンドロス大王は強国ペルシャを打ち破って支配すると、そのあとインドまで遠征し、大帝国を築いた。

アレクサンドロス大王が亡くなったあと、普通ならペルシャで反乱が起きそうなものだが、実際にはそのような事態は発生しなかった。

アレクサンドロス大王の後継者たちは、ペルシャの支配を比較的平和に維持することができたのだが、それはなぜだろうか？

君主制の国には2種類ある。ひとつは、王だけが強い権力をもっていて、家臣たちが王の統治を手助けしているような国。もうひとつは、王以外に、その国に独自の領地や家臣をもつ貴族や豪族がいるような国だ。

前者のようなタイプの国は、征服することが極めてむずかしいが、いちど征服してしまえば、そのあと統治しつづけることは、さほど困難ではない。

王のほかに貴族が力をもっているような国では、貴族たちが王に不満を抱いていることが少なくない。あるいは、機会があれば、みずから王に成りかわろうと考えている者もいる。

征服者は、そんな貴族たちの不満や欲望をうまく利用して内部分裂を起こせば、その国を比較的たやすく征服することができる。だが、いちど征服しても、当初は役に立った貴族たちがこんどは反乱勢力となり、支配を維持するのがむずかしい。

一方、君主だけが強大な権力を握っている国は、侵略に対して一致団結して立ち向かってくるため、これを征服することは極めて困難だ。ところが、いったん征服してしまえば、その国にはそもそも君主以外に力をもった勢力が存在していないため、反乱が起きる危険性はとても低い。

つまり、敵国内部の反抗勢力の力を頼らず征服できれば、戦ったあとでだれも恐れる必要がなくなるということである。そして、ペルシャは君主だけが権力をもっている国であった。そのため、大王の死後も後継者は支配を維持することができたのだ。

征服後、支配しやすい国とは？

アレクサンドロス大王の東方遠征

アレクサンドロス大王は紀元前4世紀のマケドニアの王である。紀元前334年から東方遠征を開始し、紀元前327年までの約8年間にわたり、この遠征は続いた。

そして、その遠征初期の紀元前333年にイッソスの戦いでダレイオス3世を打ち破り、ペルシャを征服している。これにより、約200年続いていたアケメネス朝は滅亡した。

その後、大王は紀元前323年に32歳の若さで没したが、ペルシャはそのまま大王の後継者が支配しつづけた。

権力が集中することの長所と短所

マキャヴェリは、ひとりの君主が絶対的な権力を握っている国は征服するのは大変だが、いちど征服してしまえば、支配するのはかんたんだといっている。

絶対的な権力をもつ王が治めている国というのは、いわばワンマン社長が経営する企業のようなものだ。そういう企業は社長が元気なうちは意思決定も早く、社員全員がそれに従うため、征服しにくいといえる。

しかし、もし社長が急に病気で倒れてしまえば、だれも方針を決定できず、会社全体の状況も把握していないため、かんたんに会社を支配できてしまう。

一方、君主以外にも力のある者がいる国のように、幹部たちによる合議制の企業の場合は、社内の権力争いにより内部分裂を起こさせやすい。しかし、支配するには内部の別勢力から反乱が起こりやすいのだ。

権力は集中させたほうがいいのか、分散させたほうがいいのかということについては、正解はない。ただ、どちらにも長所と短所があるということだ。

征服と支配のしやすさ

国の種類	征服	支配
①君主が絶対的な権力を持つ国	×	○
②君主以外にも力のある者がいる国	○	×

まとめ

◉君主だけが権力を握る国は征服するのはむずかしいが、支配するのは容易。
◉君主以外の人物も力をもっている国は、侵略に弱いが、支配しづらい。

第5章　民主的な国を支配する方法

君主制の国とはちがい、民衆たちが独自の法律に基づき、自由を享受している国がある。いわゆる共和制（民主制）の国だ。そのような国を征服した場合、君主がうまく統治する方法は次の3つだ。

①完全にその地を廃墟にしてしまう　②王みずからその地に居住し、直接支配する　③民衆にはそれまでの法律と自由を認め、その上で傀儡（かいらい）政権（征服者が自由に操れる政権）をつくり間接的に支配する

もっとも、3番目の方法は歴史的に見たとき、あまりうまくいかないことが多い。たとえば、古代ギリシャで君主制国家のスパルタが共和制のアテネとテーベを征服した際、傀儡政権をつくって支配しようとした。しかし、結局はその国々を失っている。

あるいは、ギリシャを征服したローマも、最初はギリシャ人たちの自治を尊重しようとした。だが、この方法はうまくいかず、

最終的にはギリシャの多くの都市国家を破壊せざるを得なかった。いちど、自由を知った民衆は、それが失われることが我慢できないのだ。

自由を奪われたことに対する不満は、時間が経っても忘れられることはない。たとえば、共和国だったピサはフィレンツェに征服され、100年近くも支配されながらも反乱をくり返している。

これに対して、君主制のもとで生活してきて自由のないことに慣れている民衆は、その支配者一族が滅亡して別の者が君主になっても、とくに不満を抱かない。

そのような国の民衆は征服されても、自分たちのなかから新しい君主を打ち立てて征服者を追い払おうとは考えないし、そもそも国を統治する方法も知らない。

だが、共和制の国を征服したときは、都市を完全に破壊し、民衆を散り散りにさせ、そこに君主が新しい王宮を立てて統治するのが、やはり一番安全な方法である。

民主的な国を統治する3つの方法

民衆はいちど自由を知ると、それが失われることが我慢できない

①完全にその地を廃墟にする
②王がその地に居住し直接支配する
③それまでの法律・自由を残し、王のいうことを聞く傀儡政権をつくり、間接的に支配する

解説

民衆に自由をあたえるべきか？

君主制と同じぐらい古い共和制

民主主義（共和制）というと近代以降の国のあり方のように思われがちだが、その歴史は君主制と同じぐらい古い。紀元前の古代ギリシャのいくつかの都市国家は共和制だったほか、古代ローマでは王政が倒れたあと共和制の時代が500年ほど続いた。

マキャヴェリの生きていた時代にも、君主制と共和制の国家はどちらも存在していた。そもそも、マキャヴェリの祖国であるフィレンツェも形式上は共和国だ。

そして、そんな共和制の国を外国が征服し、統治することは君主国を統治するよりもむずかしい、とマキャヴェリはいう。

民主主義は意外と手ごわい

具体例のひとつとして、1406年にフィレンツェに併合されたピサが挙げられている。マキャヴェリは、たびたび反乱を起こしたピサの制圧にフィレンツェの官僚として実際に関わっていたため、共和制の国を支配することのむずかしさを実際に体験していたのだ。

マキャヴェリが過去の歴史と自身の経験から学んだ、共和制国家を征服した際の統治方法は、完全にその地を廃墟にした上で、王みずからがその土地に移り住み、直接支配すべきという、身も蓋もないものである。それ以外での征服は困難だというのが、マキャヴェリの実感だったのだろう。

ここでいう「その地を廃墟にする」というのは、物理的に都市を破壊するということだが、そのことによって民主的な政治制度やコミュニティを根こそぎ破壊するというのが目的である。

逆にいえば、そこまでやらなければ安定した統治は望めないほど、いちど根づいた民主主義は強いともいえる。

共和制の国を統治する方法

「その地を廃墟にする」

民主的な政治制度やコミュニティを破壊する

つまり

いちど根づいた民主主義（自由）は強く、すべてを破壊して直接支配するしかない

まとめ

- ◉共和制だった国を征服しても、統治しつづけるのはかんたんではない。
- ◉人は手にした自由を手放さないので、旧体制は徹底的に破壊する。

第6章　自力で新たな君主国をつくる①

ひとりの人間が、一からまったく新しい君主国家をつくり上げた例は、歴史上いくつもある。また、平民の生まれから君主になった者も、少なくない。

そのような人物のなかには、幸運によって君主になった者もいれば、抜きんでた実力によって君主になった者もいる。

だが、ただ国をつくるだけでなく、強力な国家へ育て、それを維持していくのは、やはり幸運だけでなく、実力がなければむずかしいことだ。

実力によって一から自分の国をつくり上げた人物としては、ユダヤ民族国家の礎を築いたモーセ、アケメネス朝ペルシャ帝国を創始したキュロス、ギリシャ神話の伝説的王で、アテネ王国を建国したとされるテーセウスなどが、いい見本になる。

もちろん、彼らも幸運に恵まれなかったわけではない。ただ、その幸運の数はけっして多くなく、かぎられた機会を確実に生かし、あとは実力で君主となったのである。

モーセの場合は、当時エジプトに囚われていたイスラエルの民が、隷属と抑圧に苦しんでいたという状況が好機となった。イスラエルの民は、エジプト人の支配から抜け出したいという気持ちからモーセに従ったのだ。

キュロスの場合も似たようなものである。そのころペルシャ人はメディア人に支配されていた。当然、ペルシャ人はだれかの指導によって、その支配から逃れたいと考えていた。さらに、メディアが長く続いた平和のせいで弱体化していたことも、キュロスにとっては幸運であった。

テーセウスの場合も、彼が王になる前、アテネはクレータ島のミノス王の支配下にあったと伝えられている。

ただ忘れてはいけないのは、自分の同胞が外国によって支配されているという状況は、普通に考えれば「逆境」である。

それを「好機」にすることができたのは、やはり彼らに実力があったからにほかならない。

解説

必要なのは運か？ 実力か？

幸運を生かすのも実力

マキャヴェリが、一から新たな君主国家をつくり上げた例として挙げている人物たちのうち、歴史上実在が確認されているのは、紀元前6世紀にアケメネス朝ペルシャを創始したキュロスだけだ。

キュロスは、メディア王国を皮切りに、リディア王国、新バビロニア王国を滅ぼし、エジプトを除く古代オリエント世界を統一、空前の版図を誇る大帝国を築き上げた。

そして、キュロスのこの偉業のうち、幸運に助けられたのはふたつの点だけだとマキャヴェリはいう。ひとつは、メディア王国の支配にペルシャ人が不満を抱いていたこと。もうひとつは、メディア王国は繁栄が続いたせいで惰弱になっていたことだ。

メディア王国の征服はキュロスにとっては最初の一歩に過ぎず、あとの偉業においてキュロスは幸運に頼らず、実力のみで大帝国を築いたとマキャヴェリは見ている。
また、当然ながら最初の幸運を生かせたのもキュロスの能力がすぐれていたからだ。
幸運を生かすも殺すも自分の実力しだいというのは、現代にも通じる教訓だろう。

安定は力量をにぶらせる

キュロスの幸運のうち、「メディア王国は繁栄が続いたせいで惰弱になっていた」というのは、マキャヴェリ独自の歴史観に基づくものだ。

また、マキャヴェリは、「力量のある者が征服を成功させ、征服は地域に安定をもたらすが、安定は力量をにぶらせる」と考えていた。

要するに、有能な経営者がいれば企業の業績は好調になるが、好調があまりに続くと、そのことに慢心してしまい、必ず業績が落ちる、といったことである。

キュロスの偉業

2つの幸運

①メディア王国支配下のペルシャ人が不満を抱いていた
②反乱続きで国が弱っていた

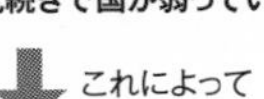

エジプトを除く古代オリエント世界を統一しすべて実力で支配した

幸運を生かすためには実力も不可欠

まとめ

◉力量がなければ幸運は生かせない。
◉強国は繁栄し、地域に安定をもたらすが、その繁栄と安定ゆえに弱くなる。

あらすじ

第6章　自力で新たな君主国をつくる②

新しい国をつくり上げるとき、もっとも困難なのは、その立ち上げ時期だ。一から建国した際には、新しい制度や統治形式を人々に受け入れてもらわなければならない。

だが、第2章（44ページ）で触れたように、人間というのは、なかなか変化を受け入れないものだ。新しい制度を導入するということほど、実行が困難で成功の可能性が低いものはない。その上、建国者の周囲には古い制度の恩恵を受けてきた敵がひしめいているので、新制度の導入はより困難になるだろう。

もちろん、新しい制度を支持してくれる者もいるかもしれない。しかし、彼らはたいていの場合、前の制度のなかで弱い立場にいた者たちであり、味方としてはあまり頼りにならない。さらにいえば、彼らも新しい制度を心から信じているというわけではないのだ。

建国者がこのような困難を克服するために必要なのは、武力のみである。

神に祈っても当然問題は消えてはくれないし、説得もあまり効果的ではない。説得が効果的ではないのは、人間の気持ちはすぐに変わってしまい、説得されたままの状態を保つのがむずかしいからだ。

人々が心変わりしたときに備え、力ずくで従わせる武力をもっておくことは、とても重要である。

つまり、自分自身だけの力を頼りにして、武力の行使をためらわない者だけが、新しい制度に人々を従わせることができるのだ。モーセたちも武力をもっていなかったら、新しい国家を守っていくことはできなかっただろう。

実力も預言力もある！

モーセ

どんなに演説がうまくても、カリスマ性があっても、修道士サヴォナローラのように武力がなければ国を維持していくことはできないのだ。武力によっていちどしっかり新制度を浸透させることに成功すれば、それを維持するのは、それほどむずかしいことではない。

解説

国を立ち上げるときに武力は必要か？

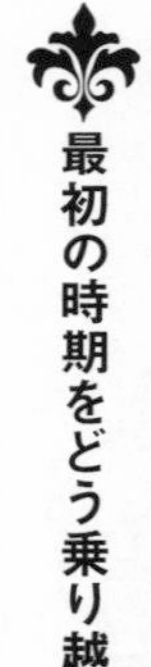

最初の時期をどう乗り越えるか

国を立ち上げたとき、その最初の時期が一番困難だというのは、起業したときのことを考えるとわかりやすい。

会社をつくったばかりのときは開業資金と運転資金が必要なため、当然、資金繰りは苦しい。さらに、顧客も一から開拓しなければならないし、商品なりサービスなり企画なりもゼロからつくり上げなければならない。

また、実績もないできたばかりの会社に、そんなに優秀な社員が集まってくることは期待できないので、一から社員教育もしなければならない。

これらの困難を乗り越えられず、起業して短期間でつぶれる会社も少なくない。だが、いったんビジネスが軌道に乗ってしまえば、それを維持していくことはそれほどむずかしくないし、規模を拡大させていくことも比較的容易だ。
これは、国家も企業も同じ原理である。

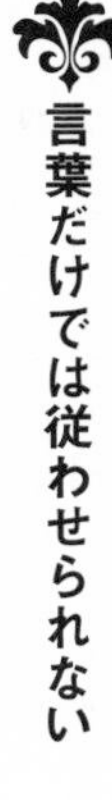

言葉だけでは従わせられない

人々を従わせるために武力の行使が欠かせないというのは、企業にはあてはまらず、国家だけにあてはまることだろう。

企業ならば経営者にカリスマ性や説得力があれば、それだけで社員はついてくる。ただし、国家の場合はときに無慈悲な武力によって強制しなければ、民衆は従ってくれないのだ。

マキャヴェリは、この真理を「武器のない預言者は滅びる」という言葉でも表現している。預言者とは神の声を直接聞くことができる人のことだ。だが、いくら当人に神の声を聞く能力があったとしても、民衆は神の声を直接聞くことはできない。だから、武力でおどして従わせる必要がある。

国を立ち上げたときにやるべきこと

新

武力の行使をためらわない

人々はおどさないと従わない

「武器のない預言者は滅びる」
by マキャヴェリ

まとめ

- ◉国家は創建時が一番困難な時期である。
- ◉人にいうことを聞かせようと思えば、ときには武力を用いなければならない。

あらすじ

第7章　他人の力で君主となった場合①

ときとして、自分の力量ではなく、より強力な君主の後押しや、ただの偶然によって君主になってしまう者がいる。

そうやって君主になった者は、本来ならその地位に上りつめる前に遭遇するはずの困難を飛ばしてしまっており、あらゆる経験が浅い状態だ。そのため、頂点に立たされた瞬間、いっぺんにさまざまな問題が押し寄せてきてしまう。

たとえば、アケメネス朝ペルシャで、ダレイオス1世の命令によって地方の統治を任された君主がいたが、彼はただ地位をあたえられただけの存在だった。また、ローマ皇帝のなかにも、周囲に持ち上げられただけで皇帝となった者が何人もいた。

そうした君主というものは、自分を君主に持ち上げてくれた好意や幸運だけが頼りであり、手に入れた地位を守る知識もなければ、実力を持っているわけでもない。そして、他人の好意や幸運というものは、非常に変化しやすく、不安定なものである。

どのように人々を導けばいいのか、国内外の勢力とどうやって友好関係や信頼を築けばいいのか、といった君主としての力の使い方を知らなければ、その地位を守ることはできないだろう。

君主の実力ではなく、さまざまな理由によって唐突に誕生したような国には、確固たる基盤もなければ、支えてくれる同盟関係もない。それゆえ、最初の困難が訪れたときには、根こそぎ崩壊してしまう。それは、基礎工事をしていない建物が1回の嵐でくずれるようなものである。

もっとも、仮に基礎工事をしていない建築であっても、すぐれた能力があれば、あとから補強するような形で基礎をつくることは可能だ。

ただし、そのときの建築家（君主）の困難は計り知れず、補強がうまくいったとしても最初からしっかり基礎工事をした建物とくらべれば、とても不安定であり、つねに崩壊の危険がつきまとっている。

解説

実力以外で君主になると、どうなる？

幸運や好意が続くかはわからない

ただ幸運だけで君主の座についた者や、より上位の権力者の指名で君主となった者は、とても苦労することになるとマキャヴェリはいっている。

世襲の王家の生まれなら、幼少期からいずれ自分が君主になることがわかっているので時間をかけて準備もできるし、親も我が子に帝王学を学ばせるだろう。

一方、無名の存在から実力で君主となった者は、そもそもの能力が高く、君主の座をつかむまでに苦労もしている。そのため、君主となったあとでさまざまな問題が起きても、正しく処理することができる。

そのどちらでもなく、幸運や他人の好意で君主になってしまった者は、君主としての基盤が非常に弱い。企業でいえば、ヒラ社員がある日突然、会長から次期社長に指名されてしまうようなものだ。もしそんなことが実際にあれば、その社員は社長になったあと、まちがいなく苦労する。

社員たちは新社長を冷ややかに見ているだろうし、自分を社長に引き上げてくれた会長の好意がいつまで続くのかは、だれにもわからない。そんな環境のなかで会社を経営しなければならないのである。

3種類の君主

①世襲の君主

親を継げばいい

②実力で王位についた者

自力で解決できる

③指名で君主にされてしまった者

だれもついてこないし、どうすればいいかわからない

③のような人物だけはさらなる幸運を待つしかない

さらなる幸運を期待するしかない

もちろん、いきなり社長になってしまっても、そのあと経営学や人心掌握術を必死に学んで、立派な経営者になるのは不可能ではない。だが、そうやって勉強しているあいだにも他社との競争は続いており、立派な経営者に育つのをだれも待ってはくれない。そのような企業が存続していこうと思えば、それこそ、かなりの幸運を期待しなければならないだろう。

まとめ

◉幸運や他者の好意によって君主の座についた者は、そのあと苦労する。
◉あとから立派な君主になるのは可能。

あらすじ

第7章 他人の力で君主となった場合②

自分の実力によって君主の地位を手に入れたのではなく、幸運によって君主となった者にチェーザレ・ボルジアがいる。彼ははじめ聖職者だったが、父親がローマ教皇アレクサンデル6世だったことでロマーニャ地方を手に入れ、君主となった。チェーザレが、父親がローマ教皇だったという幸運がなければ君主になれなかったことはまちがいない。そういう意味では、他人の力で君主となった者の典型である。

ただ、彼自身は非凡な才能の持ち主であり、賢い君主、有能な君主が選ぶと思われる行動を、すべて実行した。

たとえば、チェーザレは自分の領地に残酷なことで有名だったオルコという男を行政官として置いた。オルコは強引な手法で領地に平和をもたらしたが、その横暴さは民衆の恨みを買った。すると、オルコを処刑してしまったのである。これにより、領地の安定と平和を手に入れると同時に、民衆からの支持も得た。これほど抜け目のない方法はないだろう。

チェーザレは、自分の地位が父親の権威によって支えられている自覚をもっていた。もし父が死に、別の者が教皇となれば、確実に後ろ盾を失ってしまうことになる。

そこでチェーザレは、次の4つの対策で、その事態に備えようとした。

①領地の旧支配者を根絶やしにする　②ローマの貴族を全員味方にしておく　③自身の教会のなかでの地位を高める　④父が亡くなる前に軍備を増強しておく

このうち①～③をチェーザレは成しとげている。ところが、④を実現する前に、父アレクサンデル6世が急死。そして、それがきっかけとなり、結局、チェーザレは領地をすべて失ってしまったのである。

もし④まで達成していれば、盤石の体制を築くことができただろう。チェーザレほどの才覚があっても、他者の力で君主になった者の地位は、不安定なものなのだ。

解説

正しい行動を選んでも失敗することがある？

マキャヴェリも評価した才能

他者の後押しによって君主になった者の典型としてマキャヴェリが挙げているのが、自身と同時代人であったチェーザレ・ボルジアだ。

チェーザレはカトリック教会の聖職者であったロドリゴの息子としてローマに生まれ、自身も聖職者の道へと進んだ。だが、父が教会内で出世し、ローマ教皇アレクサンデル6世となると、その父とフランス王ルイ12世の取り決めにより領地をあたえられ、ヴァレンティーノ公としてロマーニャ地方の君主となった。

その後、チェーザレは両者を後ろ盾にしながら、マルケ、ウンブリア地方などに領土を拡大していった。しかし、アレクサンデル6世が急死したことで、その命運は急速に傾き、最後には領地をすべて失い、戦死している。

マキャヴェリは、フィレンツェの官僚としてチェーザレの栄枯盛衰をつぶさに見ており、また彼と直接外交交渉をした経験ももっている。その上で、チェーザレの才覚を高く評価していた。

判断にミスがなくても致命傷に

マキャヴェリは、チェーザレが君主となったあとにとった行動はすべて正しかったといっている。しかし、後ろ盾であった父の急死だけは予測することも、防ぐこともできなかった。そのただひとつの不測の事態により、チェーザレは領土も命も失ってしまったのである。チェーザレほどの才能があっても、幸運や他人の好意によって君主となった者が、その地位を守ることはむずかしかった。国家の運営も企業の経営も、ベストな選択だけをしたとしても、失敗するときは失敗するのだ。

まとめ

- ◉チェーザレ・ボルジアの判断にミスはなかったが、君主の地位を守れなかった。
- ◉正しく行動していても、予測できない事態によって致命傷になることがある。

あらすじ

第8章　悪事によって君主になった者

平民の立場から君主になろうと思えば、ときとして、かなり悪逆非道な行いもしなければばならない。

たとえば、紀元前4世紀のアガトクレスは、シラクサで陶工の息子として生まれながら王にまで上りつめた人物だ。気力と体力に満ちあふれていた彼は軍隊に入ると順調に出世し、軍司令官にまでなった。

しかし、その地位を得た途端に、敵であるカルタゴ人と協力して、シラクサの富裕層や元老院（古代ローマの立法・諮問機関）議員を虐殺した。民衆の反対も力で抑えこみ、シラクサの王となったのである。

あるいは、15世紀にフェルモの君主となったオリヴェロットも、悪事によって君主になった者としてよく知られている。孤児だったオリヴェロットは、共和制だったフェルモで暮らす叔父に預けられ、成長すると傭兵になった。ところが、人に仕えるのはつまらないと思うようになり、世話になった叔父やフェルモの有力市民たちを宴会に招くと、皆殺しにした。そして、一夜にして君主の座についてしまったのだ。

アガトクレスもオリヴェロットも道徳的に見たときには、とても褒められた人間ではない。しかし、彼らは残酷な行いをしたあとも、その国で民衆とともに過ごし、民衆に恩恵を少しずつほどこしたため、反抗も受けずに済んでいる。

もちろん、残虐な行いをしたせいで人々に恨まれ、その地位を失う君主も数多くいる。アガトクレスとオリヴェロットが成功を収めることができたのは、悪事を「適切」に用いたためだ。

適切な悪事というのは、ここぞ、というときにいちどだけ行われる悪事のことだ。そして、その悪事が済んだら、あとは民の利益になるように励まなければいけない。つまり、あらゆる悪事は、1回で一気にやる必要があるのだ。悪事をなんどもくり返したり、だらだらと続けたりすると、人々の心は離れていくだけである。

悪事を適切に行うポイント

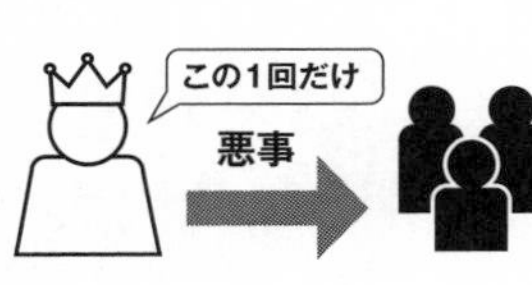

①ここぞ、というときにいちどだけ実行する

②悪事を終えたあとは民衆の利益になるよう励む

解説

「よい悪事」と「悪い悪事」のちがいは？

残虐でも成功した君主

残虐な行いによって君主になりながら、その地位を守った者として、マキャヴェリは紀元前4世紀シラクサのアガトクレスと、15世紀フェルモのオリヴェロットの例を挙げている。シラクサもフェルモも、ともにイタリア半島にあった都市（国家）だ。

アガトクレスはアフリカの強国カルタゴとたくみにわたりあってシラクサを守りぬき、自身も死ぬまで君主の座を維持した。一方、オリヴェロットは君主になってから1年後にチェーザレ・ボルジアに敗れ、縛り首になって殺されている。

だが、オリヴェロットも自身の悪事が原因で破滅したわけではなく、運悪くチェーザレという、より強い者が現れたことでその地位と命を失っただけだ。生きているあいだオリヴェロットはフェルモを完璧に統治し、その勢力は近隣諸国をおびやかした。

そういう意味では、アガトクレスはもちろんのこと、オリヴェロットもまた悪事に手を染めながら成功した君主といえる。

賢く勇敢に悪事をする

残虐な悪事をしながらもアガトクレスとオリヴェロットが成功した原因を、マキャヴェリは彼らが必要なときに1回だけ悪事をしたからだと分析している。

自分が君主の地位を手に入れるため、あるいはそれを守るため、どうしても殺戮などの残虐行為をしなければならないことはあるだろう。だが、賢く勇敢な者は自分がどのタイミングでどれだけ殺戮するかをきちんと計算し、だらだらと悪事をくり返したりはしないものだとマキャヴェリはいう。

ただ、これは中世の君主に対する教訓であり、現代の経営者がいちどくらい違法行為をしてもいいなどと捉えてはいけない。

悪事のあとにやるべきこと

- 可能なかぎり、民衆に恩恵を少しずつほどこす
- 民衆とともに暮らす

そうすれば

民衆は安心する

つまり

民衆の心が離れないように、あらゆる悪事は1回で一気にやり、なんどもくり返さない

まとめ

- 道徳的にまちがった行いをした君主でも成功を収めることはある。
- 「よい悪事」は必要なときに1回だけ。だらだらと続けるのは「悪い悪事」。

第9章　人々に選ばれた君主①

だれかが人々によって押し上げられ、君主となることもある。その場合、その人物を君主に押し上げるのは、貴族か民衆のどちらかだ。

どの都市にも貴族と民衆のふたつの異なるグループがあり、両者は基本的には対立している。ここでは貴族たちに押し上げられて君主になるケースを見ていく。

貴族たちは、自分らが民衆を抑えきれなくなると、自分たちのなかのひとりを君主に祭り上げる。そして、その君主の陰に隠れながら、民衆を抑えつけようとするのだ。

ただ、貴族たちの力を借りて君主となった者は気をつけなければならない。なぜなら、貴族たちは本心から君主に仕えているわけではなく、内心では君主を自分と同程度の存在と考えているからである。そのため、いつ彼らが歯向かってくるか、つねに君主は警戒していなければならない。

貴族のあつかい方としては、まず完全に

自分の味方になっている貴族に対しては、それほど心配することはない。とくに野心のない貴族も、彼らの地位を尊重さえしておけば、あまり心配することはない。

だが、野心をもった貴族に対しては、はっきりと敵であると認識し、普段から警戒しなければならない。そうしなければ、かんたんに倒されてしまうだろう。

貴族たちに選ばれた君主にとっても、民衆からの支持は必要だ。ただ、そのような君主が民衆の支持を得るのは、そんなにむずかしいことではない。

民衆は最初、貴族たちに選ばれた君主を、自分たちの敵であると考えている。だが、君主が貴族たちの横暴から民衆を守ってやれば、すぐに熱狂的に支持してくれる。

人はだれしも、自分に悪意を向けると思っていた者から好意を向けられると、最初から友好関係があった者から好意を向けられる以上に感激してしまうものなのだ。そうなれば、民衆は自分たちが押し上げた君主よりも、その君主を支持するのである。

解説

貴族たちをどうあつかえばいいか？

本来同格である。そのため、貴族たちは自分たちで担ぎ出しておきながら、心から君主として認め、服従しているわけではないのだ。

いい換えるなら、同期のなかで異例の出世をはたして社長になったとしても、同期の仲間は内心それを認めていない、ということだ。もし失策があれば、すぐにだれかが社長に成りかわろうとするだろう。

それらの危機を回避するためにリーダー

心からは服従しない貴族たち

貴族たちによって担ぎ出された君主は、そのあと自分を選んでくれた貴族たちを慎重にあつかわないと失敗する、とマキャヴェリはいう。ちなみに、ここでいう「貴族」とは文字通りの貴族だけではなく、富裕な商人などの有力市民も含まれている。

そのようにして押し上げられた君主の出自は、当然ながら自分を担いだ貴族たちとがすべきことは、普段から味方になる貴族と潜在的に敵になり得る味方を正確に見極めておき、それ以外の人物をつねに警戒しつづけるしかない。

民衆も味方にしなければならない

さらに、マキャヴェリは、貴族たちによって担ぎ出された君主も民衆の支持を得なければその地位を守れないという。実際、国においては貴族の数より民衆のほうが圧倒的に多いのだから、これは当然だろう。

ただ、民衆の支持を得ることはそれほどむずかしくはない。少しの恩恵でも、民衆は君主に満足するからだ。それにくらべ、貴族たちを満足させるのはむずかしい。

要するに、平社員は給料が1万円上がれば喜ぶが、重役は1万円アップでは喜ばないということである。重役たちは、もっと貰えて当たり前と思っているのだ。

貴族に担ぎ上げられた王がやるべきこと

- 貴族のなかで味方と、敵になりそうな味方を見極め、つねに警戒
- 貴族だけでなく、民衆からの支持も得なければならない

担ぎ上げる

貴族

- 担ぎ上げた王なので、本来ならば自分たちと同格
- 心から認めて服従しているわけではない

まとめ

◉貴族たちに選ばれた君主は、その貴族たちを警戒しなければいけない。
◉貴族たちを満足させるのはむずかしい。

第9章 人々に選ばれた君主②

あまりに貴族たちの民衆への圧迫が強くなると、民衆は自分たちのなかからだれかを選び、君主に祭り上げることもある。そのようにして君主になった者は、貴族たちに選ばれて君主になった者よりも困難は少ない。なぜなら、貴族たちとはちがって民衆は君主と自分の地位が同じであるとは考えないため、君主の座を奪おうなどとは思わないからだ。

そして、民衆をあつかう際に気をつけることは、抑圧しないというただ1点である。抑圧さえしなければ、民衆はその君主を支持してくれるだろう。

民衆からの支持というのは、どんな君主であっても、つねに気を配っていなければならないものだ。もし民衆を敵にしてしまうと、どんなに貴族たちの支持を得ていたとしても、圧倒的に民衆の数のほうが多いため、君主はまったく安全ではいられない。そういった危機を回避するためにも、君主は必ず民衆に対して友好的でなければならないのだ。そうしなければ、いつでも反乱が起きる可能性がつきまとう。

もっとも、民衆によって選ばれた君主が、あまりにも民衆の支持に期待しすぎるのも問題である。もし君主が「強大な敵から攻撃を受けたとき、民衆がつねに自分を救ってくれる」などと考えているようでは、いずれ足元をすくわれるだろう。

古代ローマのグラックス兄弟や、14世紀フィレンツェのジョルジョ・スカーリなどは、民衆の支持をあてにしすぎて失敗した例である。民衆は平和なときは君主が圧政さえしなければ支持してくれるが、いざ戦争などの混乱が起きれば、すぐに君主を見捨てる薄情な存在でもあるのだ。

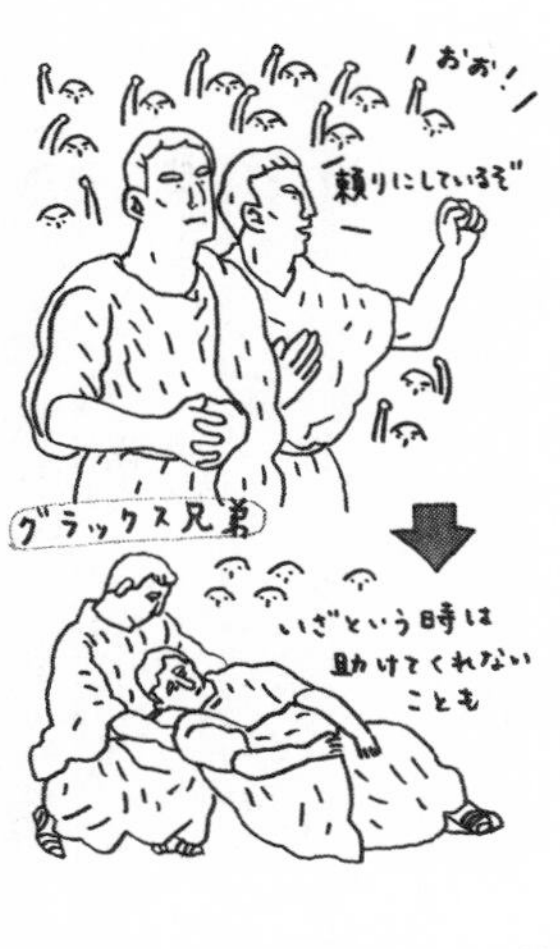

危機のときに民衆から見捨てられないためには、平時からつねにリーダーシップを発揮し、自分がどれだけ民衆にとって必要な存在なのかをアピールしつづけなければならない。それが成功すれば、どんなときも民衆は支持してくれるだろう。

解説

民衆をあつかうときの心得とは？

どんな君主も民衆の支持が大事

民衆によって担ぎ出された君主は、貴族たちに担ぎ出された君主よりも苦労せずに国を治めることができる、とマキャヴェリは述べている。民衆は貴族ほど権力欲がないため、王位をねらおうなどとは考えないからだ。

また、不平等な法律や重税などで苦しめないかぎり、基本的に民衆は体制の変化を望むことはなく、君主を支持してくれる。

どんな君主であろうと、民衆の支持がなければ安定して国を治めることはできないというのがマキャヴェリの持論だ。

それは民衆に担ぎ出された君主だけでなく、貴族に祭り上げられた君主も、あるいは世襲、実力、幸運などで君主になった者においても例外ではない。

別の見方をすれば、外からは極めて暴虐な君主に見えたとしても、民衆の過半数が支持しているかぎり、その国の体制は変わることはない。現代において、国際的に非難を浴びている独裁国家などが、なかなか崩壊しないのもそういう理屈だ。

民衆から見捨てられないために

ただ、民衆からの支持は大切だが、君主がそれに無条件に期待しすぎるのは問題だ。

見捨てられないために君主のとるべき行動

支持を集めるために
①恩恵
②支持
恩恵があるのなら
民衆

君主が恩恵を与えるから民衆が支持する

民衆も、その人物が自分たちの役に立ったり、守ったりしてくれると考えたからこそ、君主に担ぎ上げたのだ。善意や好意で選んだわけではない。頼りにならないと思えば、すぐに反乱を起こすだろう。

君主が民衆から見捨てられないためには、どんなときもリーダーとしての役割を忘れず、つねに民衆に恩恵をあたえることを意識しなければならない。君主が民衆に恩恵をあたえるから、民衆は支持する。あたえるのは君主のほうからで、その逆はない。

まとめ

- ◉民衆が支持していれば、それだけで君主の地位は安泰である。
- ◉まずは君主から民衆に恩恵をあたえる。

第10章　君主制の強さをはかる方法

強力な軍隊と豊富な資金力があれば、どんな強国が攻めてきても、その国を守ることはむずかしくない。だが、そのような条件に恵まれていない国でも、強固な城壁と1年分の兵糧、そして民衆の支持さえあれば、強国からその身を守ることができる。

たとえば、中世ドイツの諸都市は、極めて高い自治性を誇っており、強大な神聖ローマ皇帝の権威すら恐れていなかった。

それが可能だったのは、どの都市も強力な城壁に囲まれ、倉庫には1年は持ちこたえられるだけの食糧、飲料、燃料があったためだ。それに加え、都市の住民たちは倉庫を維持するための仕事に日々積極的に参加していた。それらが、中世ドイツの諸都市を敵から守っていたのだ。

たとえ強い軍隊や豊富な資金がなくても、強固な城砦と民衆の支持さえあれば国を守ることができるのだ。そのためにも、君主は普段から民衆に憎まれないように気をつけていなければならない。

兵糧の蓄えが1年分あればいいというのは、どんな強国であっても1年以上も都市を包囲しつづけ、戦場で軍を維持するのは、ほとんど不可能だからである。

あまり長く戦場に軍隊を出していれば、本国が別の国から攻められるかもしれないし、自国の政情が不安定になる場合もある。だから、攻められている側の君主は、敵の攻撃が永遠に続くわけではないと、しっかり民衆に説明して希望をあたえ、あとは守りを固めていれば、いずれ敵は退いていく。

もちろん、都市を守る城壁の外側に家屋や畑があり、それらが被害を受けることもあるだろう。しかし、君主を信頼している民衆ならば、家や畑が破壊されても「それは国を守るためにしかたがなかった」と思い、より強い気持ちで籠城戦を耐えぬく決意を固めるものだ。君主が民衆の心をひとつにして支えているかぎり、民衆も君主を支え、守ってくれるのである。

どうすれば国を守ることができる？

城砦を攻めるのはむずかしい

中世から近世にかけてのヨーロッパでは、都市を城壁で囲み、君主も住人たちもその城壁の内側で暮らすというスタイルが一般的であった。

そして、マキャヴェリは規模の小さな国でも、都市を守る城壁が強固で、そこで暮らす住民が団結して君主を支えてさえいれば強国を恐れることはないという。

マキャヴェリは実例としてドイツの諸都市を挙げているが、中世ドイツのみならず、堅牢な城郭都市が大軍の攻撃から耐え抜いたという歴史上の例は多い。城は攻めるほうが不利で守るほうが圧倒的に有利というのは、洋の東西を問わず古代から近世までの戦争の原則である。

また、食糧などの備蓄は1年分あれば十分だというマキャヴェリの指摘はリアルだ。

確かに、城砦を攻めるのはリスクが大き

い。それを1年以上も継続するのは補給線の維持も含めて、とても困難である。

住民の団結は君主しだい

マキャヴェリは強固な城壁と並んで、国を守る要として住民の団結を挙げている。

どんなに城壁が立派でも、そのなかで暮らす人々の気持ちがばらばらでは守り通すことは不可能だろう。だからこそ君主は、つねに住民の心をひとつにするよう、リーダーシップを発揮し、善政をしなければならないのである。

もっとも、城壁と住人の団結さえあれば国を守れるというのはマキャヴェリの時代の話だ。大砲の発達で城壁の役割は低下し、航空機の出現で完全に無意味なものとなった。さらに、大量破壊兵器が使われる現代の戦争では、いかに住民が団結していても、それだけで国を守れるものではない。

国を守る2つの要

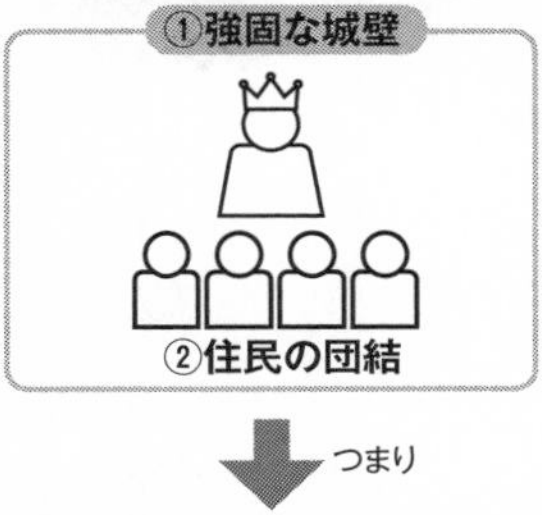

強固な城壁を持っており、住民が団結して君主を支えてさえいれば強国に負けない。君主はつねにリーダーシップを発揮して、善政を行う必要がある

まとめ

- ◉堅牢な城壁を擁し、住民が団結している都市を攻略するのはむずかしい。
- ◉住民を団結させるのも君主の仕事。

あらすじ

第11章　聖職者が君主の場合①

聖職者が君主となる場合がある。ヨーロッパでいえば、具体的にはローマ教皇がみずから領地と領民をもち、直接支配するということだ。

聖職者の君主にとって困難なのは、国を支配する実権を持つまでである。いちど君主としての実権を握ってしまえば、それを維持するのはむずかしくはない。

なぜなら、ローマ教皇の権威を支えているものは、人々のもつキリスト教への信仰心だからだ。表立ってローマ教皇に逆らおうとする者は、あまりいないのだ。

ローマ教皇本人の性格や行動にどれだけ問題があったとしても、民衆が反乱を起こすことはないし、外国の勢力が攻め入ってくることもない。そのような行為はキリスト教の否定につながるからである。

つまり、宗教的権威に支えられた君主というのは、国をもちながらも、それを守る必要のない唯一の存在といえるのだ。

だが、現実問題、長いあいだローマ教皇が政治権力を握ることはなかった。それは、貴族たちの力があまりに強すぎて、教皇が社会におよぼせる力が非常に弱かったためだ。とくに中世以来、ローマではオルシーニ家とコロンナ家が貴族の２大勢力で、ほとんど教皇の権威を顧みることなく、好き放題してきた。ときには15世紀のシクストゥス４世のように、積極的に政治に関わろうとした教皇もいたが、うまくいかなかった。

歴代の教皇たちが貴族たちを抑えて政治的実権を握れなかった最大の原因は、彼らの在位期間の短さにある。教皇の平均的な在位期間はだいたい10年だ。

その程度の時間では、オルシーニ家とコロンナ家のどちらかの勢力を弱めるのが精いっぱいであり、両家をいっぺんには抑えられない。そして、教皇が代われば、衰退していたほうの貴族がまた復活するということがくり返されてきたのである。

解説

宗教的権威はなぜ力が弱いのか？

反抗しづらい宗教的権威

宗教的権威である聖職者が君主を務めるというのはヨーロッパのローマ教皇の例だけでなく、イスラム国家や古代エジプト王朝など、さほどめずらしい話ではない。

ただ、聖職者は基本的には宗教という精神面の指導者であるため、世俗的な財産や軍事力をもっていないことが多い。それゆえ、国を政治的に支配する実権を握るのがむずかしいとマキャヴェリはいう。

しかし、いちど政治権力を握ってしまえば、もともと聖職者は人々から尊敬されているため、だれも反抗しようと考えないので権力を維持するのはむずかしくないのだ。

さらに万が一、その聖職者個人に問題があったとしても、宗教そのものを否定することにつながりかねないため、表立っては批判しづらいのだ。それほど信仰の力というのは強いものなのだ。

貴族の権力争いの場だった教会

だが歴史上、ローマ教皇が政治的権力を握ることは少なかった。それは、ローマでは貴族たちの力が強かったからである。

ローマではオルシーニ家とコロンナ家の2大勢力が覇を競っており、それぞれの家系から何人ものローマ教皇が出ている。つまり、教会は貴族たちの権力争いの場となっていたのだ。

そして、オルシーニ家側のローマ教皇が出ると次にコロンナ家側が巻き返し、自派のローマ教皇を出すといったことがくり返されていた。これでは、教会自体の力はいつまで経っても強くはならないだろう。

ときには、シクストゥス4世のように貴族たちの影響から自由になろうとする教皇もいたが、在位期間の短さから完全に貴族の影響を排除することはできなかった。

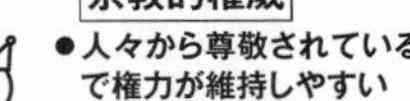

宗教的権威

- 人々から尊敬されているので権力が維持しやすい
- 批判＝宗教の否定に繋がるため、民衆からの批判が表に出づらい

教会内は貴族たちが権力争いを行っているため、教会の力自体は強くならない

まとめ

◉聖職者は財産や軍事力をもっていないことが多く、実権を握るのがむずかしい。
◉宗教的権威は内部の権力争いにより、教会の力を強められなかった。

第11章　聖職者が君主の場合②

ローマ教皇として政治的実権を握り、実質的に君主としてふるまうようになった最初のひとりが、1492年に教皇となったアレクサンデル6世だ。

アレクサンデル6世は教会の財力を強化することに尽力し、たくみな外交戦略によって教会の勢力を広げた。そして、第7章（80ページ）で触れたように、フランスの力を利用して息子のチェーザレ・ボルジアをロマーニャ地方の領主に仕立て上げた。

その後、アレクサンデル6世は急死し、チェーザレも死ぬことになったが、この親子によって築かれた教会の勢力は強大なまま残り、次の世代の教皇に受け継がれた。それを最大限に生かしたのが、1503年に教皇となったユリウス2世だ。

ユリウス2世が教皇に即位したとき、教会の財力も軍事力も周辺国を圧倒するほどとなっていた。ロマーニャ地方は

そのままユリウス2世のものとなり、しかもアレクサンデル6世の時代にはローマの貴族たちの影響力も排除されていた。

こうした有利な状況を背景に、ユリウス2世はボローニャを征服し、ヴェネツィアを滅ぼし、最終的にはイタリアからフランスを追い出すことにも成功するのである。

その上、アレクサンデル6世が息子を使って私欲のために勢力を拡大したと見られていたのに対し、ユリウス2世の行動は私欲ではなく、教会の権威を高めるためと受け取られた。そのことにより、いっそう周囲の者たちから支持されることとなった。

もうひとつ、ユリウス2世が心がけたのが、教会内に造反者を出さないということである。かつての教会では聖職者たちがそれぞれ有力な貴族を後ろ盾にして、教会内で権力争いをくり広げていた。それが、貴族たちを増長させ、また教会の権威を低下させていたのである。

ユリウス2世は聖職者たちが勝手なことをしないように統制を強めた。それにより、さらに教会の力は強まったのだ。

解説

宗教的権威でも成功できた人物がいた？

アレクサンデル6世の功績

マキャヴェリが、ローマ教皇が政治的権力を握った最初の例として挙げているアレクサンデル6世が在位していたのは1492年から1503年にかけてである。彼とその息子であるチェーザレ・ボルジアの業績については、第7章（80ページ）でもくわしく触れている。

アレクサンデル6世とチェーザレの野心

は志なかばで頓挫したが、彼らがととのえた教会勢力の基盤は、後継者であるユリウス2世にそのまま受け継がれた。

そして、ユリウス2世は、その好条件を最大限に生かし、イタリア国内のみならず国外の列強にも恐れられるほど教会の力を拡大させたのである。

基盤があったから余裕があった

ユリウス2世が教会の勢力をさらに拡大

させることに成功した要因のひとつとして、彼の私欲のなさをマキャヴェリは指摘する。

アレクサンデル6世はあまりに野心をむき出しにし過ぎたため、同時代の人々から非難されることもあった。また、好色さや強欲さは多くの人の恨みも買った。そのため、彼が急死した直後、毒殺の噂も広まったほどである。

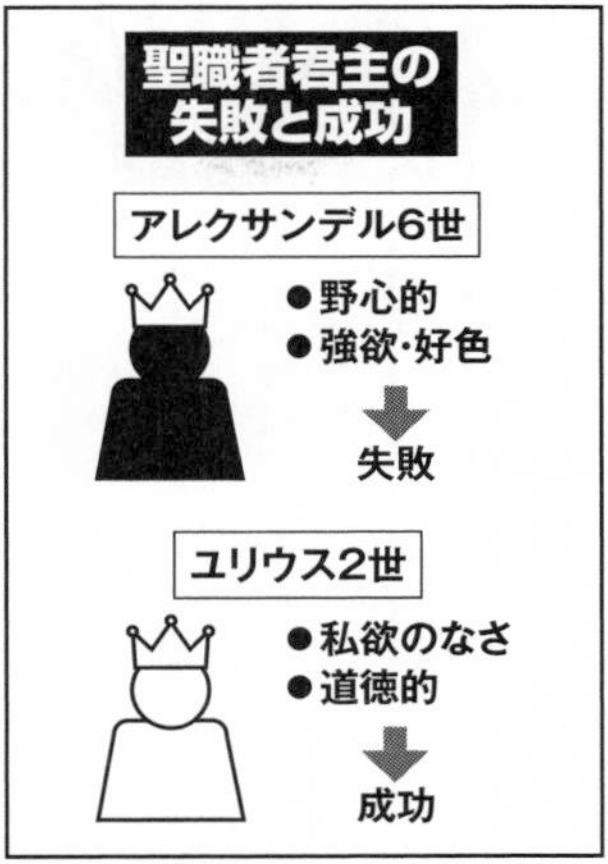

聖職者君主の失敗と成功

アレクサンデル6世

- 野心的
- 強欲・好色

↓

失敗

ユリウス2世

- 私欲のなさ
- 道徳的

↓

成功

それにくらべ、ユリウス2世は道徳的な問題を指摘されることは少なかった。それが彼の求心力を高めたことはまちがいない。

ただ、ユリウス2世はアレクサンデル6世が準備した教会勢力の基盤に乗って拡大すればよかっただけなので、それほど強引なことをしなくて済んだという側面もあるだろう。

企業でも、創業者は多少無茶をしなければいけないことはある。そこが2代目とのちがいである。

まとめ

◉教会が権力を握っても、人の恨みを買えば失墜する。
◉私欲がなく道徳的であれば、求心力を高められる。

あらすじ

第12章　軍隊の種類と傭兵①

どんな君主国家にとっても、基盤となるのはよい法律と、よい軍隊である。そして、よい法律のないところにはよい軍隊はあり得ず、逆にいえば、よい軍隊のあるところには、必ずよい法律があるものだ。

軍隊には4種類ある。自国の軍隊、傭兵（金銭で雇い入れた兵）、外国から借りてきた軍隊、それらを混成した軍隊だ。このうち、傭兵と外国から借りてきた軍隊は役に立たないばかりか、危険でもある。それらに頼っている国は非常に不安定なものだ。

なぜなら、傭兵と外国から借りてきた軍隊は信用することができないからである。彼らは命をかけて、その国のために最後まで戦おうなどとは考えていない。敵を前にしたら逃走するかもしれないし、戦わずにその国で略奪を働いたり、国を乗っ取ったりしようとするかもしれない。

彼らは結局、報酬のために戦っているだけなので、本気で勝とうとせずに、ただ無駄に戦闘を長引かせようとしがちなのだ。戦争が長くなればなるほど、報酬をもらえる期間が延びるからである。

とくに問題なのが傭兵だ。傭兵のリーダーは能力が低いと役に立たないので、それはそれで問題だが、能力が高ければ野心も強いので、つねに雇い主の国を奪おうと考えているものである。

フランチェスコ・スフォルツァ

紀元前4世紀の都市国家テーベではマケドニア王フィリッポス2世を傭兵として雇い、将軍に任命した。フィリッポス2世はテーベのためにも戦ったが、最終的にテーベを奪ってしまった。

また、15世紀イタリアのミラノでは、傭兵のフランチェスコ・スフォルツァを雇いヴェネツィアに対抗しようとした。だが、スフォルツァはミラノを我が物にするため、ヴェネツィアと秘かに手を結んだのである。

この例を見ても、傭兵の危険性は明らかだろう。傭兵は信用ならない存在なのだ。

解説

傭兵に頼るとどうなる？

利益のためだけに動く傭兵

よい法律とよい軍隊が国の基盤であるというのが、マキャヴェリの持論だ。その上で彼は、軍隊には自国の軍隊、傭兵、外国から借りてきた軍隊、それらの混成軍の4種類あるという。この章では、とくに傭兵の弊害について述べている。

傭兵とは、金銭によって雇われ、自身とは直接利害関係のない戦争に参加する兵隊のことだ。営利目的であり、愛国心や信念などに基づいて戦っているわけではない。そのため、利益が薄かったり、戦いが不利になったりすれば、すぐに戦場から撤退してしまう。

そのような存在に国の防衛を頼むのは、確かに不安すぎるだろう。

コストはかかっても自国軍が必要

企業にたとえるなら、その企業の存続に

ある程度自分の一生がかかっている正社員が自国の軍隊であり、短期のバイトや派遣社員が傭兵だ。

時給が高いなど、もっと条件のいい職場が見つかれば、すぐにそちらに移ってしまうバイトや派遣社員に業務を依存しきってしまうのは普通に考えればリスクが高い。

ただ、正社員を育成し、継続的に抱えていくのは、それなりに大変なことだ。そのため、目先の利益に流されて、バイトや派遣社員に頼る企業は多い。マキャヴェリの時代のヨーロッパの君主も同じようなものだろう。だが、長期的には、それでは国も企業も存続はむずかしいのだ。

現代では、バイトや派遣社員に会社を乗っ取られることはないが、武力をもつ傭兵には国を乗っ取られるかもしれないという心配がつきまとう。まさに、傭兵は国にとって危険な存在なのだ。

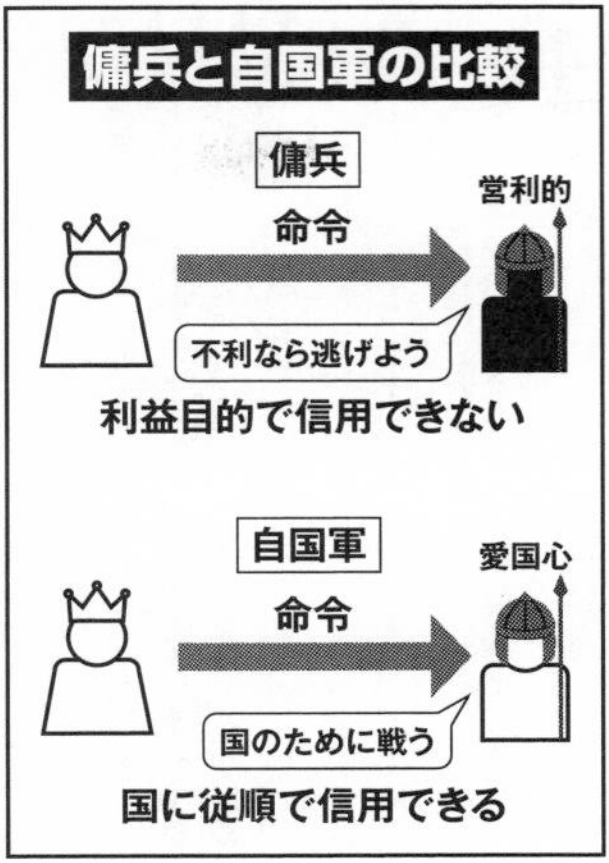

傭兵と自国軍の比較

まとめ

◉傭兵は利益目的で動くので、まったく信用できない。
◉強い傭兵には国を乗っ取られる危険性がある。

第12章　軍隊の種類と傭兵②

長いあいだ、イタリアの各都市国家は戦争において傭兵に依存してきた。それこそが、イタリアが荒廃した最大の原因である。

強い自国の軍隊をもとうとしなかったことで、フランスのシャルル8世やルイ12世の侵略を招き、スペイン王フェルディナント2世による蹂躙を許したのだ。

もしかしたら、フィレンツェやヴェネツィアのように傭兵を用いながらも安定した国家運営をし、さらには領土を拡大した国もあると反論する人もいるかもしれない。

だが、フィレンツェは幸運だったにすぎない。たとえば、フィレンツェは14世紀にイングランドのジョバンニ・アクートを傭兵隊長として雇っていたが、彼によって国を奪われずに済んだのは、偶然の賜物だ。その後もフィレンツェはなんども傭兵に国を奪われる危機があったが、辛うじてそれを免れてきただけである。

ヴェネツィアが本当に強かったのは、市民たちが率先して志願し、兵士として勇敢に戦っていた時代のことだ。しかし、しだいにヴェネツィアも傭兵に頼るようになっていき、弱体化していった。そして、1509年にフランス軍と神聖ローマ帝国軍に大敗を喫し、数百年かけて獲得してきた領土の大半を失ったのである。

傭兵たちは、自分たちの価値を高め、また疲労や危険を避けるためにはなんでもする。

　たとえば、彼らは戦争では歩兵よりも騎兵のほうが役に立つと宣伝した。これは、たんに傭兵が大規模な歩兵部隊を維持するだけの組織力がなかったからである。

　あるいは傭兵同士が戦うときは、たがいにできるだけ死傷者を抑えようと密約を交わすのがつねだ。そのほか、夜襲はしない、冬の遠征はしないなど、傭兵たちはできるだけめんどうなことはしたがらないものである。そんな傭兵に自国の防衛をゆだねるのではなく、強い自国軍をもち、君主みずからがその軍を率いて戦うべきだ。そうでなければ国は守れない。

解説

傭兵はなぜ役に立たないのか？

傭兵の使用が盛んだったイタリア

古代ギリシャや古代ローマでは、軍隊は市民たちの自発的な参加によるものが中心であった。だが、しだいにヨーロッパでは傭兵が重宝されるようになっていった。

とくに都市国家同士が激しく争い、強力な国家がなかったイタリアでは、常備軍ではなく傭兵の使用が盛んであった。

マキャヴェリはそのことが、フランスやスペインなど外国の侵略を招く原因のひとつになったと考えていたため、傭兵の害についてくり返し述べているのだ。

いざというとき役に立たない傭兵

基本的に傭兵部隊は、傭兵隊長に率いられた数十人から数百人程度の兵によって構成されている。数千人、数万人規模の傭兵部隊というものは存在しない。

歩兵は数をそろえないと効果を発揮しな

いため、傭兵は自分たちのような少人数の部隊でも運用できる、と騎兵の優位性を宣伝した。マキャヴェリは歩兵こそが軍の中核であるべきだと考えていたので、そのような傭兵の姿勢を強く批判しているのだ。

そのほか、傭兵同士は談合して本気で戦わない、負担の大きな作戦には従事しないなど、マキャヴェリは傭兵の問題点を列挙している。つまり、傭兵はいざ戦争になったとき、ほとんど役に立たないというのがマキャヴェリの見解だ。もっとも、傭兵はただの営利団体なので、彼らからすれば当然の対応ともいえる。

やはり、国家の防衛という大事なことを、外部委託してしまうのは、かなり危険なことなのである。

そうではなく、強い自国軍をもち、君主みずからがそれを指揮して外国と戦わなければ国は守れないのだ。

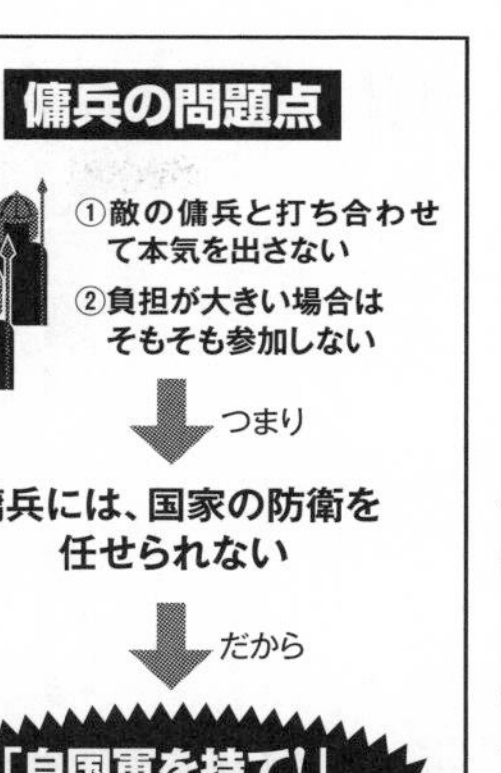

まとめ

◉傭兵同士は談合して本気で戦わないため、戦争では役に立たない。

◉傭兵は営利団体なので負担の大きな作戦には従事しない。

◉君主自身が自国軍を率いて戦うべき。

あらすじ

第13章 借りた軍、混成軍、自国軍①

他国から借りてきた軍というのも非常に問題のある存在だ。彼らは君主のために戦うこと自体は当然のことと考えているので、その点では利害だけで動く傭兵よりは役に立つ。

だが、彼らが忠誠を誓っているのは本国の君主であり、派遣された国の君主ではない。借りた側の君主にとっては、もし彼らが負ければ自分の国も滅びるし、勝ったとしても居座られ、自分が捕虜となってしまうかもしれないのだ。

たとえば、東ローマ帝国の皇帝が内戦を鎮圧するため、トルコに1万人の兵を借りたことがある。トルコ兵たちは内戦を収めたが、その後も撤退することなく、そのまま東ローマ帝国の領土の一部を支配下に置いてしまったのだ。

君主は、このように他国から借りてきた軍の力がなければ達成できないような勝利を望むべきではない。彼らは傭兵よりも危険な存在なのだ。傭兵は小規模な集団であり、そもそも君主の出す費用で成り立っている。だから、もし傭兵が国を奪おうと考えても、実行するには時間をかけて準備をしなければならない。

だが、他国から借りてきた軍は大規模な集団であり、国家という巨大な力を背景にしている。そして、本国が命令を出せば、すぐにでも攻撃してくるのだ。

要するに、傭兵の危険性とはその卑劣さにあるが、他国から借りてきた兵の危険性はその勇敢さにあるのだ。賢い君主なら、そのような危険な軍を使うことは避けて、信頼できる自分自身の軍を編成することを考えるだろう。

すぐれた君主は、他者の軍を使って戦争に勝つぐらいなら、自身の軍で負けたほうがましと考えるものだ。他人の力を借りて得たものなど、少しも栄誉に値しない。実際、どんなにすぐれた他人の武器よりも、多少劣ってはいても使い慣れた自分の武器のほうが勝利には近いものである。

解説

外国から借りた軍の危険性とは？

外国から借りた軍は信用できない

この章でマキャヴェリは、外国から借りてきた軍に依存しすぎたり、信用しすぎたりするのは問題だといっている。外国の軍は借りた側の君主の命令を聞くのでなく、本国の君主の命令しか聞かないからだ。

そして、もし軍を貸し出した側の国に野心があったら、自分の国を守るために借りたはずの軍が、自国を侵略するという危険性が、つねにつきまとうのである。

マキャヴェリは一例として、東ローマ帝国のケースを挙げている。

これは1346年に皇帝ヨハンネス6世が、帝位をめぐって争っていた国内の勢力を抑えるためにトルコから兵を借りたという事例だ。これにより、ヨハンネス6世は当面の目的は達したものの、結果的にはトルコにヨーロッパ進出の足がかりをあたえてしまった。

目先の欲に振り回されるな

マキャヴェリはこの章で、「君主は外国から借りてきた軍の力がなければ達成できないような勝利を望むべきではない」とも述べている。

これは要するに、欲しいものがあったとき、人に金を借りてすぐに手に入れるか、必要な金額を自分で貯めるかという問題ともいえる。借りた金で買うのはかんたんだが、結局借金が残り、人間関係や自分の生活に悪影響を及ぼすことも少なくない。それなら、しばらく我慢してでも、自分で貯めて買ったほうが確実に問題はない。

もうひとつ、この章に登場する「優れた他人の武器より、劣っていても自分の武器のほうがいい」も、普遍的な教訓だ。どんなに優れた武器・技術も、自分が使いこなせなければ無用の長物である。

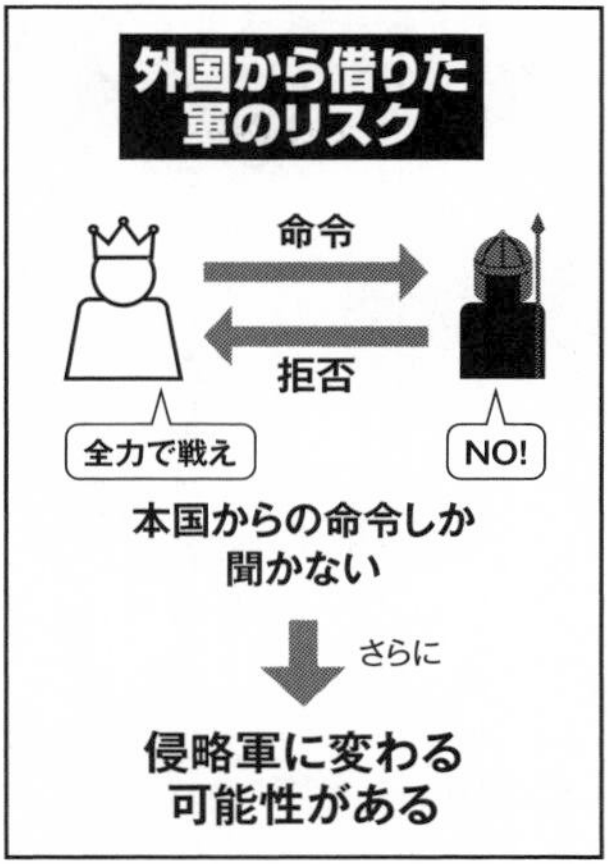

外国から借りた軍のリスク

命令

拒否

全力で戦え

NO!

本国からの命令しか聞かない

さらに

侵略軍に変わる可能性がある

まとめ

◉外国から借りた軍は侵略軍に変わる可能性があるため、信用するのは危険。
◉優れた他人の武器より、劣った自分の武器のほうがいい結果に結びつく。

第13章 借りた軍、混成軍、自国軍②

フランス王シャルル7世はイングランドとの百年戦争を戦い抜くなかで、傭兵や外国から借りてきた兵に頼るのではなく、自身の軍によって国を守る必要性を痛感した。そして、騎兵と歩兵からなる常備軍を創設し、これによりフランスからイングランド軍を追い払うことに成功した。

もし、そのままフランスが常備軍を維持していれば、フランスは強国になっていただろう。だが、シャルル7世の息子であるルイ11世は歩兵を廃止し、そのかわりにスイス人の傭兵を雇い入れてしまった。それが、フランスを弱体化させたことはだれの目にも明らかだ。

ルイ11世の時代にフランス軍は、一部は傭兵で、一部は自国の兵という混成軍となった。そのような軍は、傭兵のみ、あるいは他国から借りてきた兵のみで編成されているよりはましだが、自国の兵だけで編成されている軍とはくらべものにならない。

傭兵や他国から借りてきた軍に頼るのは、そのときはそれなりの必然性や利点はあるだろう。しかし、そういった軍がつねに危険な問題を秘めていることを、君主は忘れてはいけない。

傭兵や他国から借りてきた軍に頼っているあいだ、君主は本当の意味で安全も名声も手に入れることはできない。

チェーザレ・ボルジアは、はじめフランス軍の力を借りて領土を拡大したが、他国の軍に頼ることの危うさを知っており、傭兵を雇うようになった。だが、しだいに傭兵の問題点に気づいたチェーザレは彼らと手を切り、自分の軍をつくった。

チェーザレがフランス軍の力を借りていた時期、傭兵を使っていた時期、自分の軍をもった時期をくらべてみれば、自分の軍をもった時期が一番その権力が安定し、人々の称賛を受けたのである。

要するに、自身の力の上に立っていない者の名声や権力ほど、不確かなものはないということだ。

解説

安全と名声が欲しいならどうするべきか?

役に立つ軍の順番

百年戦争は1337年から1453年まで続いた、フランスとイングランドの戦争である。この戦争の前半でフランスは領土の多くをイングランドに奪われたが、最終的にはそのほとんどを取り戻した。

フランスがイングランドを押し返すことができたのは、フランス王シャルル7世が傭兵や外国から借りてきた兵に頼ることをやめ、自国の兵だけで編成された常備軍を創設したからだとマキャヴェリはいう。

一番役に立つのは自国の軍であり、次に自国の兵と傭兵ないしは外国から借りた兵の混成軍、3番目が外国から借りた軍で、もっとも役に立たないのは傭兵というのが、マキャヴェリの持論である。

だからこそ、国を安定させようと思えば、強い自国の軍をもたなければならないとなんども力説しているのだ。

君主が直面するジレンマ

また、この章でマキャヴェリは、チェーザレ・ボルジアがフランス軍の力を借りていた時期、傭兵を用いていた時期、自分の軍を編成した時期を比較している。

そして、自分の軍をもったときにはじめて権力が安定し、周囲もチェーザレの力量を認めたと述べている。これは、その通りだろう。

ただ、たとえば企業の創業時を考えたとき、最初から即戦力となる社員だけで固めるのは、ほぼ不可能だろう。最初のうちはバイトや外部のフリーランスに頼らざるを得ないのが普通だ。

信頼できる社員がいなければ経営は安定しないが、経営が安定しなければ有能な社員は雇えない。これは、多くの起業家が直面するジレンマかもしれない。

役立つ軍ランキング

1位 自国の軍

2位 混成軍（自国軍＋傭兵or外国の軍）

3位 外国から借りた軍

ワースト 傭兵

まとめ

◉一番役に立つのは自国の軍。
◉権力を安定させたいと思うなら、自国の軍を編成する必要がある。

あらすじ

第14章 軍隊のために君主はなにをすべきか

君主となる者は、軍事について学ぶことを最優先しなければならない。武力は地位を守り、平民から君主になることも武力によって実現するからだ。逆に、君主が軍事への関心を失えば、地位を失うことになる。

フランチェスコ・スフォルツァは、軍人としての才覚によってミラノ公となった。しかし、彼の息子らは軍事を学ぶことを怠ったので地位を失ってしまった。

武装した者と非武装の者のあいだには、大きな差がある。武装した部下が非武装の君主に従うことや、非武装の君主が武装した部下に囲まれて安全でいることは不可能だ。一方が相手をあなどり、一方が相手に疑いをもったまま、行動をともにすることなどありえないからだ。

君主はいつも、軍事についての研究を欠かしてはいけない。具体的にはふたつ、実地訓練と座学だ。

狩猟は、兵士のからだを鍛えるよい実地訓練になる。また、山や平原、川原といった自然の地形を学ぶ場にもなる。どこかひとつの地形を深く理解すれば、ほかの地域の地形もよく理解できる。このような知識に欠ける者は、指揮官失格だ。野営地を見定めたり、城砦都市を包囲したりするには、この知識は欠かせないものだからだ。

古代ギリシャでアカイア同盟を率いたフィロポイメン将軍は、平時も野外に出れば「もしあの丘に敵が布陣したらどうするか」「ここで敵が撤退したら、どう追撃するか」といったことを考えていた。

座学においては、歴史書を読んで先人の勝因と敗因をよく学ばなければならない。アレクサンドロス大王は古代ギリシャの英雄アキレスを、古代ローマのカエサルはアレクサンドロス大王を真似した。古代ローマの名将スキピオも、ペルシャのキュロス大王の行動を学んで、模倣したのだ。

賢明な君主は彼らのように、故事をよく学ばなければならない。そうすれば、いかなる逆境にも耐えられるだろう。

解説

不測の事態に備えてやるべきこととは？

力のない者に人は従わない

戦乱の時代に生きていたマキャヴェリは、たびたび軍事の重要性を強調している。現代においても、軍事力に劣る小国や少数民族が強大な国家に独立をおびやかされる事例は少なくない。

国家間の争いに限らず、企業や個人のあいだでも「力」の有無は、立場を大きく左右し、力のない者に力のある者が従う事態はなかなかない。これは軍事力を、財力、組織の規模、人脈、味方を増やす情報発信力などに置き換えても成り立つだろう。

つねに現場を見て考える

軍事について学ぶ方法として、実地訓練で地形を学ぶことと座学の両方が挙げられている。戦争では、兵力差で優勢でも、防御物がなく敵から丸見えの場所に布陣したせいで軍が壊滅する、または1日で目的地に到着できると思ったのに、大量の武器や食料をもって大きな川をわたったり山を越えたりして予想以上に時間がかかる場合も少なくない。「現場を知る」ことは、あらゆる事態に備えるために欠かせないのだ。

例にあったフィロポイメンは、紀元前2世紀に強大な軍事国家スパルタの侵攻を退けた人物だ。その手腕は、つねに戦闘のシミュレーションを欠かさないことに支えられていた。戦闘に限らず政治でもビジネスでも「こんな場面ではどうするか」と想定しておくことは重要だ。

また、古代ローマのカエサルはアレクサンドロス大王に学び、そのアレクサンドロス大王は神話の英雄アキレスを模倣したと述べる。「先人に学べ」というが、その先人もまた、さらに過去の先人に学んでいた。成功者はつねに、先行する世代の成功と失敗の両方をきちんと見ているのだ。

現場を知ることが重要な理由

戦争で起こりうる事態

①敵に丸見えの場所に布陣して軍が壊滅する

②目的地に到着するまで予想以上に時間がかかる

↓ つまり

現場を知り、戦闘のシミュレーションをする必要がある

まとめ

- ◉力をもたなければ地位は守れない。
- ◉実地訓練と理論の両方を学び、不測の事態に備える。
- ◉先人もさらに昔の先人に学んだ。

あらすじ

第15章 人間、とくに君主の高評価と悪評について

君主がどのように臣下や味方の心をつかむかという問題について、多くの先人の意見は、すでに現実に即したものではない。実際には、理想的な共和国も理想的な君主国も、存在しないからだ。

理想を重んじるあまり、現状を見ない者は破滅する。よい行いをしようとする人間は、多くの悪意ある人間に囲まれてしまうからだ。

君主が地位を保持したければ、悪事を実行する能力も身につけ、必要に応じてそれを使わなければならない。

とくに君主は目立つ存在なので、高評価されたり、けなされたりする。

いくつかの例を挙げていく。

ある者は太っ腹だが、逆にある者はケチだ。

ある者は気前がよいといわれるが、ある者は強欲だ。

ある者は慈悲深いが、ある者は冷酷だ。

ある者は信義にあついが、ある者は信義を守らない。

ある者は意気地無しだが、ある者は猛々しく豪胆だ。

ある者は丁重だが、ある者は傲慢だ。

ある者は好色だが、ある者は潔癖だ。

ある者は律儀だが、ある者は狡猾だ。 

ある者は意志が固いが、ある者は軟弱だ。

ある者は態度が重厚だが、ある者は軽薄だ。

ある者は信心深いが、ある者は不信心だ。


こうした資質のうち、よい面だけを身につけるのが理想的だが、実際にはそうはいかない。必要なのは、悪評を避けるため、思慮深くふるまうことだ。自分の地位をおびやかす心配がないと思われる悪評も、可能なかぎり避けなければならない。

一方で、政権を守るために必要とあれば、悪評を背負うことも恐れてはいけない。なぜなら、高評価されるふるまいが破滅を招く場合もあれば、逆に悪評を受けるような行為が身を守る場合もあるからだ。

解説

君主は悪徳も身につける必要がある？

なにが悪徳かを自覚して行動する

マキャヴェリに先行する古代ギリシャやローマの国家論の多くは、政治はいかにあるべきかの理想を説いた。だが、マキャヴェリはこの第15章で、いまある現実の政治に対応する考え方を示している。

そして、彼は「必要に応じて」悪事を行うことを説いた。つねに悪事をしろと説いているわけではないのは、世評を気にする必要もあるからだ。私腹を肥やしたり政敵を陥れる力を身につけたりしておけば安泰だが、それを使わないほうが長期的に自分の地位を守ることになる場合もある。

炎上を恐れるだけではダメ

続いて君主に対する高評価と悪評の事例が挙げられ、まず「気前のよさ」と「ケチ臭さ」が対比される。現代においても、特別な報酬なしで要職を引き受ける政治家や、困窮者や被災地に多額の私財を寄付する企業家は人々の尊敬を集めるものだ。

もちろん、悪評で炎上することを避けるべきなのはいうまでもないが、ときには悪評を受ける行為も実行しなければならないと述べる。積極的に悪徳を勧めているのではなく、なにが高評価されるポイントでなにが悪評を受けるポイントかを自覚した上で、状況に応じたバランスを考えてふるまえ、と説いているのだ。

現実には、たとえば「慈悲深い」「信義にあつい」といった、本来なら高評価される態度に徹しても、そのため強欲で遠慮のない人間につけこまれて大損させられてしまう場合もあり得る。逆に短期的には、たとえば「傲慢」「軟弱」といった悪評を受けても、そのような態度をとることで政敵をやり過ごし、長期的に自分の地位を守ることができるという場合もあるからだ。

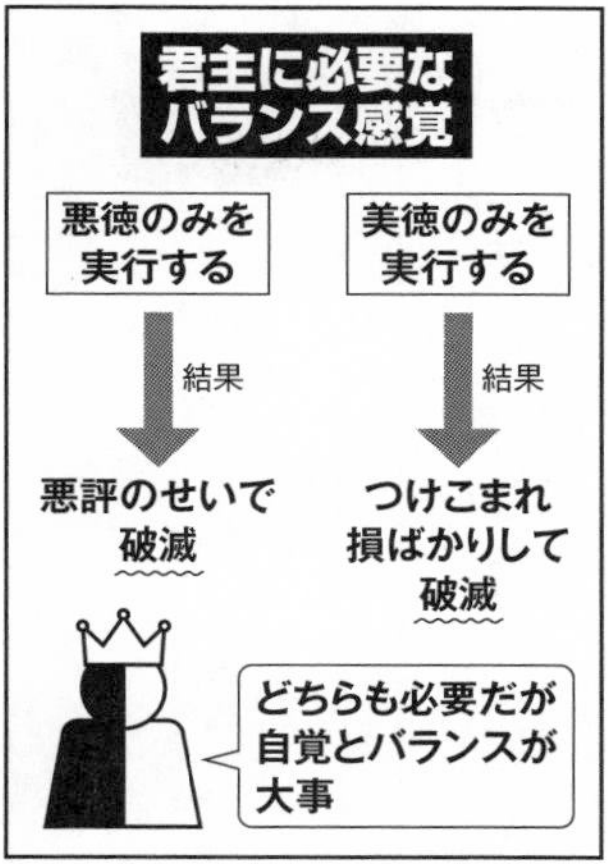

まとめ

◉政権を守るには悪徳が必要となる場合もある。
◉悪徳を行うときは自覚が大事。

第16章 気前のよさとケチについて

ここでは、前章で触れた「太っ腹」という資質について述べる。気前がよいという評価は、確かに好ましい。しかし、そのような評価を得たければ、出費を惜しんではならない。さらに出費がかさめば、国民に重税を課して苦しめなければならず、多くの人々から憎まれるだろう。

賢明な君主は、「ケチ」という悪評を恐れてはいけない。倹約に努めれば、国民を苦しめることなく祖国を守り、国家の事業を進めることができるだろう。

偉大な人物で、ケチという評価を受けなかった者はいない。教皇ユリウス2世は、その地位を築く過程で多くの人々に気前のよさを示したが、フランスとの戦争が始まると、一転して倹約を進めた。フランス王のルイ12世、スペイン王のフェルディナント2世も、倹約したから戦争を続けることができた。

君主は、国民を苦しめないため、貧困によって侮蔑されないため、人から物を奪う人間に成り下がらないため、ケチという悪評にも甘んじる必要がある。

ここで、「カエサルは気前がよかったから権力を極めたのではないか」と言う人がいるかもしれない。すでに君主の座にある人間は倹約すべきだが、君主をめざす過程にあるなら、気前のよさも必要だ。カエサルでも、出費を抑えなければ、長生きしても政権が崩壊しただろう。

また、「君主や軍の指揮官で気前のよい人物はいる」と言う人もいるかもしれない。自分の懐から部下に分けあたえるのならば、控え目にしなければならない。ただし、戦争で敵から奪ったものは惜しみなく分けるべきだ。カエサルも、アレクサンドロス大王も、キュロス大王もそうしてきた。

気前のよさという美徳は、使うほどにすり減る。そのため財産を失い、あなどられることを避けようとすれば、強欲に走り、憎まれることになる。そうなるよりは、ケチだといわれるほうがいいのだ。

解説

国民のためにも倹約が必要？

目先の浪費より民心が大事

マキャヴェリは君主に倹約を勧めている。その趣旨は、君主個人の浪費に対する戒めであって、国防や国家財政において出し惜しみをすることではない。彼が生きていた時代の上流階級の人間には、宝飾品の収集、有力者への賄賂、芸術家や文化人への資金提供など、あらゆる出費があった。例にある教皇ユリウス2世も、教皇の座につくまではそうした出費を惜しまなかった人物だ。

こうした出費を惜しまずひけらかしていれば、SNSで「いいね」が集まるように、多くの人々から好意的な評価が得られる。だが、マキャヴェリは、それより国を守る軍事費や国家財政を重視したのだ。

そして、浪費の穴を埋めるため国民に重税を課せば、民心を失うと警告している。自分の評判よりも民心の維持が大事だと説いた点は、現代にもあてはまる。

勝って財布のひもを締めよ

ただ、マキャヴェリも君主の座につく過程では気前のよさを示す必要があることを認めている。既存の有力者に対する裏工作、自分の力の誇示、部下の忠誠を維持するための褒賞など、地位が安定するまでは必要な出費も少なくない。普通は出世するまでケチを続け、地位を極めれば贅沢に走りそうだが、マキャヴェリは逆に、地位を築いてから財布のひもを締めよ、と説いた。

またマキャヴェリは、普段はケチでも敵から奪った物品は、民衆に気前よく分け与えることを勧める。中世ヨーロッパの戦争では、征服地での略奪は日常茶飯事だったが、もし指揮官が戦利品を独占すれば憎まれるのは当然だ。現代でも、臨時収入があれば惜しみなくボーナスを出すような上司であれば、部下は喜んでついてくるだろう。

リアルな財政感覚

○ ●国防 ●財政

× ●個人の浪費

●地位を築いたら財布のひもを締める

●戦利品は気前よく配れ

部下や民衆がついてくる

まとめ

◉余計な出費は自分も部下も苦しめる。
◉成り上がる過程では大きな出費も必要。
◉戦利品は平等に分けるべき。

第17章 恐れられるよりも慕われるほうがよいか①

前提として、君主は、冷酷であるより慈悲深いほうがよい。しかし、慈悲深さによって悪い事態を招いてはいけない。

たとえば、チェーザレ・ボルジアは、その冷酷さによってロマーニャ地方での政争を鎮圧し、平和をもたらした。一方、フィレンツェ共和国の市民たちは、支配下にあったピストイア市の内紛への介入を控え、結果ピストイアが荒廃する事態を招いた。

君主は政権維持のため、冷酷という悪評を恐れてはいけない。慈悲深くふるまおうとして殺戮や略奪を放置するより、見せしめに小規模な処罰を断行するほうがよい。

とくに新興国の君主は、冷酷という評価を避けられない。古代ローマの詩人ウェルギリウスは、カルタゴの女王ディードーに「きびしい状況と王国の新しさが、わたしにこのような態度をとらせ、警護を固めさせているのです」と語らせた。

君主は慎重でなければならない。過度に

人を信用して不用心になるのも、過度に疑り深くなるのも、避けるべきである。

君主は、恐れられることと慕われることを両立できれば理想的だが、実際には困難だ。いずれかを取るならば、慕われるよりも恐れられるほうが安全となる。世の人間は移り気で、嘘つきで、保身的だからだ。君主が恩恵をほどこしているあいだは力や財産を捧げるが、その必要がなくなれば、かんたんに背を向けてしまう。口先だけの言葉を信じてしまう君主は、備えがないため滅ぶ。精神ではなく、金銭による主従関係はあてにならない。

人間は恐れている相手より、慕っている相手に危害を加えやすい。恩恵による絆は、自分の利害に反すればすぐに断ち切れるが、恐怖による束縛は、処罰に対する恐れによって人をつなぎ止めるからだ。ただし、君主は恐れられても憎まれないようにしなければならない。これは、民衆の財産を奪ったり、部下の妻子に手を出して傷つけたりしなければ、可能である。

解説

きびしい態度をとれば地位を守れる？

冷酷さが結果的に人を救うことも

「慈悲深さ」と「冷酷さ」の対比について語られているが、ここでの慈悲深さとは、人に細かく口出ししない寛容さ、寛大さと解釈できる。だが、それはある意味では、優柔不断な態度ともいえる。

マキャヴェリが例示したように、チェーザレ・ボルジアは必要な場面で冷酷さを見せることで、結果的に秩序と平和を守った。

逆に14、15世紀のフィレンツェ共和国では、政治を主導していた有力な市民たちが、支配下にあったピストイア市の内政に強権的に介入することを避けた。

ところが、ピストイア市は、メディチ家を支持する勢力とメディチ家に敵対する勢力の抗争が続いて荒廃し、結局フィレンツェは武力で内紛を解決しなければならなくなった。

早い段階で非難を恐れずに強権を発動し

ていれば問題が解決できたのに、寛大な態度のつもりで様子見を続けていた結果、事態がますます悪化するという例は、現代の紛争や政治でも少なくないだろう。

恐れられても憎まれない加減

そこでマキャヴェリは、冷酷であることの必要性を説いた。ここでの冷酷さとは、部下や身内にきびしいという意味である。

ただ、恐れられても憎まれてはいけないとしている。憎まれることは民心の離反を招き、自分の地位をおびやかすからだ。

身内に対する冷酷さは、組織を守るためにも必要だ。ただし、パワハラ的な態度で憎まれてはいけない。恐れられても憎まれないためには、正当な理由があるときのみ、その冷酷さを発揮するべきだろう。このためマキャヴェリは、人から財産や大事な人間を奪って恨みを買うことは戒めている。

まとめ

◉冷酷な態度をとることによって混乱や無秩序を防げる場合もある。
◉慕われるより恐れられるほうがいい。

あらすじ

第17章 恐れられるよりも慕われるほうがよいか②

君主が人を傷つけなければならない場合は、正当な口実と明白な理由を掲げて断行すべきである。しかし、みだりに他人の財産を奪ってはいけない。なぜなら、人間は父親が殺された恨みはいずれ忘れるが、奪われた財産のことは忘れないからだ。

加えて、他人の財産を奪う口実を見つけるのは容易だが、血を流す口実を見つけるのは困難なので、そのような事態は少ないし、結局うやむやになりやすい。

だが、君主が多数の兵を率いている場合は、（部下に対して）冷酷という評価を恐れる必要はない。そうしなければ、軍をまとめ上げることはできないからだ。

古代カルタゴの名将ハンニバルがすぐれていた点は、多様な民族が混在した軍を率いて異郷の地で戦いながら、優勢なときも劣勢なときも、内紛や上官への反抗が起こらなかったことだ。これは、彼が部下に尊敬されるだけでなく、恐れられていたからだ。ところが、後世の歴史家はハンニバルの軍略の才能をたたえながら、その冷酷さを批判している。

一方、古代ローマの名将スキピオもすぐれた人物だったが、イスパニア（現在のスペイン）で部下から反乱を起こされている。これは、彼がなまじ慈悲深い性格だったため、部下たちは軍の規律を超えたふるまいが許されると思ってしまったからだ。その結果、スキピオはローマの元老院から「軍を堕落させた」と非難された。

また、スキピオはなにごとも大目に見る性格で、自分の補佐官による戦地での略奪を罰しなかった。彼が軍を指揮し続けていれば、名声も栄光も失っただろう。だが、元老院が軍を統率したので、スキピオの気質の問題点は隠されて名声が維持された。

国民は自分たちの意に沿うかぎりは君主を慕い、君主が処罰をあたえるかぎりは君主を恐れる。賢明な君主は、自分の力によって自分を立たせなければならない。ただし、憎まれるのは避けるべきである。

解説

組織の秩序を守るには冷酷さが必要？

世代が変われば恨みは薄れる

この章では続けて、人を傷つける必要がある場合の心構えが説かれる。

ここでマキャヴェリは、「人間は父親が殺された恨みはいずれ忘れるが、奪われた財産のことは忘れない」と述べている。

これは仇討ちの習慣があった日本人には理解しにくいかもしれない。だが、多くの小国が陸続きで隣接していた中世のヨーロッパでは、目まぐるしく同盟相手を切り替えることが日常茶飯事だったので、世代が変われば親の仇だった勢力と手を組むこともめずらしくなかったのだ。

処罰がないと部下は暴走する

そして、マキャヴェリは、多くの兵を指揮する者は、部下から、冷酷といわれることを避けてはならないと語る。

古代や中世には、軍人が戦地で略奪や独

断専行に走るのはめずらしくなかったが、それを放置していれば、軍紀は乱れ、占領下の民心も離反してしまう。古代ローマ軍を苦しめたカルタゴの名将ハンニバルは、それを未然に防いだ。

　スキピオもローマの名将だったが、部下の統制がとれずに紀元前206年にはイスパニアの反乱を招き、彼の補佐官は、イタリア半島南部のロクリで横暴のかぎりを尽くした。

　内部の綱紀粛正が重要なのは、軍隊に限らない。現代の政治でも、内部の規律と処罰が不十分ならば、かんたんに賄賂を受け取ったり身内を優遇する政策を取ったりする政治家がはびこるだろう。企業でも、顧客が迷惑がるような強引な営業活動をする従業員や、危険性のある商品を改善しないまま販売する従業員を放置していれば、いずれ顧客の信頼を失うことになってしまう。

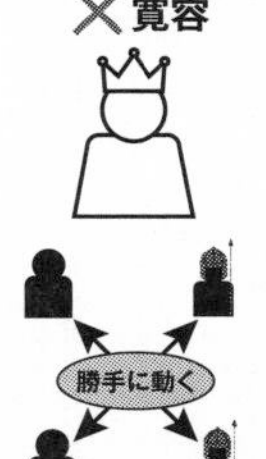

まとめ

- ◉綱紀粛正を怠ると組織は乱れる。
- ◉尊敬されつつ恐れられることが必要。
- ◉恐れられても憎まれてはいけない。

あらすじ

第18章 どのようにして君主は信義を守るべきか①

信義を守り、狡猾にふるまわずに言行一致を貫けば、君主はだれからも称賛される。しかし、現実の歴史では、狡猾で人をだますような君主が、誠実さを信条とする者たちを打ち負かしてきた。

君主の戦い方には2種類あることを学ばなければならない。ひとつは「法」、ひとつは「力」によるものだ。前者は人間に特有のもので、後者は獣の性質だ。前者のみでは解決できないこともあるので、人間と獣の両面を使い分けなければならない。

古代の作家も、たびたびこれを暗示していた。ギリシャ神話では、英雄アキレスや多くの君主が、半人半獣のケンタウロス族の賢者ケイローンから学んだとされる。これは、君主は人間と獣の両方の性質をもたなければならず、一方を欠いた君主は不完全であるということを示している。

君主は獣のなかでもライオンと狐の両方を規範とするべきだ。ライオンは罠から身を守れず、狐は狼から身を守れないからだ。ときには狐となって罠を見やぶり、ときにはライオンとなって狼を追い払う必要がある。単にライオンのようになろうとする者は、これを理解していない。

信義を守ることが自分の身をおびやかしたり、相手と契約を結んだときの動機が失われたりした場合、もはや信義を守る必要はない。本質的に人間は邪悪な存在だから、相手も必ず信義を守るとは限らず、自分も絶対に信義を守る必要はない。

ましてや君主となれば、約束を不履行にする口実はいくらでもつくれる。いまの世では、いくつもの条約や和平が、君主たちの不誠実によって破られ、人をあざむく狐の性質をもつ者が勝利してきた。

重要なのは、狐の性質をいかにして隠すかであり、すぐれた偽装者となる方法を身につけるかだ。また、多くの人は愚鈍なので、目先の必要性に従って行動してしまうので、人をだまそうとする者は、いつでもだませる相手を見つけ出す。

解説

求められるのは「ライオンの力」と「狐の力」？

法は力がなければ破られる

『君主論』のなかでも、「ライオンと狐」のたとえは有名だ。ただ、マキャヴェリはその前段として、人間的な「法」に従うことと、獣らしい「力」の必要性を説いている。法律や条約を相手に守らせるためにも、その裏づけとして、違反した場合の罰則を行使する力が必要となる。

マキャヴェリが生きていた時代は、まだ法に基づく政治や国際法が確立されていなかった。このため、国家間の条約や和平の多くは、実質的に君主同士の口約束で、状況が変わればかんたんに破られた。

国際法が定着した現在も、大国の軍用機や船舶が平然と他国の領土や領海を侵犯することや、国家間の協定が無視されることはたびたびあるし、ブラック企業は平然と労働基準法を破る。

こうした事態が起こるのは、法はあって

も有効な罰則や、実力で罰則を行使する機関が機能していないからだ。

ただ勇猛なだけでもダメ

こうした事実を踏まえ、マキャヴェリは、人間的な「法」だけでなく、獣らしい「力」の必要を説く。重要なのは、それをさらにライオンのような勇猛さと、狐のような賢さに分類し、状況に応じて両方が必要だと述べた点だ。文中では「単にライオンのようになろうとする者」に触れているが、ただ勇猛なだけでもダメなのだ。

そして彼は、「本質的に人間は邪悪な存在」だと述べる。これはニヒリスティックな性悪説に見えるが、だから自分も悪になれという単純な話ではない。人間の邪悪さを抑えるのが「法」だが、その根拠として、冒頭で触れたように「力」が必要になるということだ。

「ライオンの力」と「狐の力」

勇猛なライオン

賢い狐

まとめ

- ◉法や約束は必ずしもあてにならない。
- ◉相手が邪悪な可能性も想定しておく。
- ◉状況により勇猛さと賢さが必要になる。

あらすじ

第18章 どのようにして君主は信義を守るべきか②

教皇アレクサンデル6世は、ひたすら人をだましてきた。それにもかかわらず、つねにその嘘が通用したのは、人間の邪悪な面をよく理解していたからだ。

君主に必要なのは、好ましい資質（慈悲深さ、誠実さなど）を実際に身につけることではなく、そう見せかけることだ。あえていうと、それらを実践するのは有害だが、そのように見せかけるのは有益だ。

慈悲深く、誠実で、信義にあつい態度を取ることは有益だが、必要に迫られたときは、そうではない態度を取る方法と心構えを身につけねばならない。新興国の君主はとくに、政体を守るため、信義や人間性や宗教に反する行動をする必要もあるからだ。運命の風向きに応じて方針を変える心構えをもち、必要とあれば悪を実行するすべを知らなければならない。

君主は、5つの資質（慈悲深さ、信義、人間性、誠実、信仰心）が身についていないことを知られないように気をつけねばならない。とくに最後の資質（信仰心）を備えていると見せかけるのは重要だ。

なぜならば、多くの人は目で見ることで判断し、実際に手で触れて判断できる者は少ないので、実態を知る者は限られる。多数の者が君主に従っているかぎり、少数の者は異を唱えにくい。そして、君主の行動は、訴えられても裁かれることはなく、結末だけが注目される。

君主はひたすら敵に勝利して政権を保持するべきである。そうであれば、手段はつねに栄誉として正当化され、だれからも称賛されるだろう。大衆はつねに人の外見と成果にのみ目を向ける。大多数の者が君主を支持しているかぎり、意見が異なる少数派が入り込む余地はない。

あえて名を伏せるが、当代のある君主は、いつも「平和」と「信義」を口にしながら、実際にはその大敵となっている。だが、このふたつを本当にきちんと守っていたら、彼は名声も政権も失っていただろう。

解説

リーダーには見せかけが大事？

マキャヴェリは、慈悲深さ、信義、人間性、誠実、信仰心といった美徳を実際に身につけているかよりも、そのように見せかける能力が重要だと述べる。善良であっても結果がともなわなければ評価されず、また、内心が善良かにかかわらず、外見のイメージが大事ということだ。端的にいえば「人は見かけが9割」という話だ。

なお、マキャヴェリは信仰心をとくに重視したが、これは彼が生きた時代は教皇庁

人の評価は外面が9割

例に挙げられている教皇アレクサンデル6世は、ころころと同盟相手を変えたり、過去に結んだ条約を一方的に破棄したり、カトリック教会は離婚を禁止しているのに、政略結婚に利用するため娘を離婚させて別の有力者に嫁がせたりした。にもかかわらず、たくみな裏工作とイメージ操作によって、教皇の地位に君臨しつづけた。

の影響力が大きかったという事情もある。

大衆に実像はわからない

マキャヴェリは「多くの人は目で見ることで判断し、実際に手で触れて判断できる者は少ない」と語る。情報化社会といわれる現代でも、SNSで好評を集めるインフルエンサーやカリスマ経営者が、直に接した少数の人間にはひどいパワハラやセクハラを行っていた事例がたまにある。だが、大多数の人間はその人の実像を知り得ず、メディアを通じたイメージのみが定着しているものだ。

なお、最後にマキャヴェリが「あえて名を伏せるが」としながら挙げたのは、15世紀末にイベリア半島を制圧してスペイン王国を築いたフェルディナント2世と推定されている。この人物については、第21章（180ページ）でくわしく触れる。

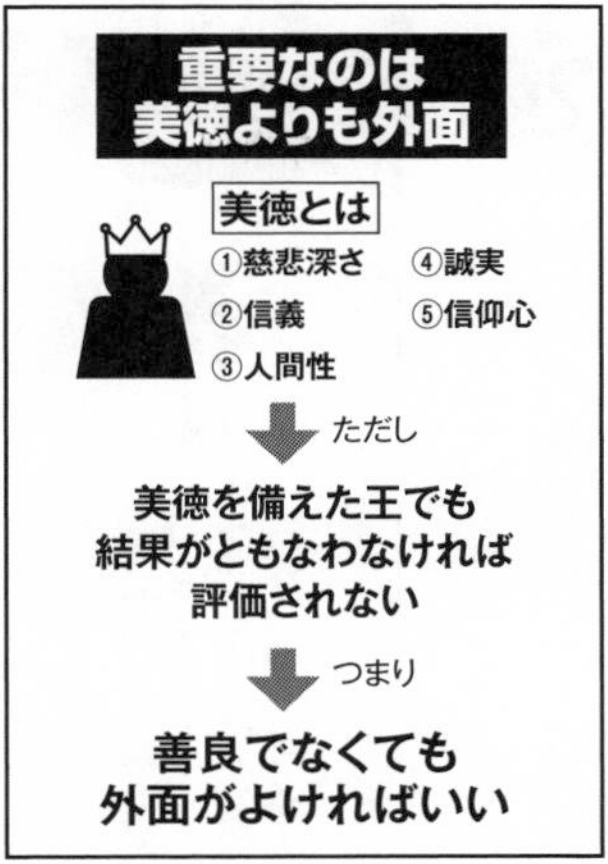

重要なのは美徳よりも外面

美徳とは
①慈悲深さ
②信義
③人間性
④誠実
⑤信仰心

↓ ただし

美徳を備えた王でも結果がともなわなければ評価されない

↓ つまり

善良でなくても外面がよければいい

まとめ

◉善良であることより、そう印象づけることが大事である。
◉大衆に指導者の実像はわからないので、外見上のふるまいが重要である。

あらすじ

第19章 どのように軽蔑と憎悪を逃れるべきか①

先にも触れたが、君主はだれかに憎悪されたり軽蔑されたりするのを避けなければならない。

とくに憎悪を招くのは、国民の財産や妻子を奪うような強欲な行為だ。軽蔑を招くのは、優柔不断で一貫性のない、軽薄な態度だ。君主はこうした態度を避け、自分の偉大さや勇気を示さなければならない。

また、市民の私的な問題について、自分の裁定は絶対だと知らしめ、自分をだますような考えをさせてはならない。

民衆と外敵は君主にとって脅威だ。後者は強力な軍と同盟国で守れる。外部の情勢が不安定でも、民が君主を尊敬していれば、外敵には耐えられる。たとえば、古代ギリシャでスパルタの君主ナービスは、外敵から、政権を守り抜いた。

しかし、外部の情勢が安定しているときも国民の反乱は警戒が必要だ。反乱を避けるには、憎まれたり軽蔑されたりすることを避け、民衆を満足させなければならない。
反乱の首謀者は君主を殺しても、民衆の支持を得られない場合が多い。だから歴史上、うまくいった反乱は数少ないのだ。不満分子は仲間を集めなければならないが、彼らのひとりに君主が本心を明かせば、相手はあなたから利益を引き出せると考えるだろう。

反乱をたくらむ者は、処罰への恐怖がある。この点、君主は法律と権力を手にしているから有利だ。これに加えて、民衆の支持があれば、反乱は無謀な行為となる。

かつてのボローニャ市の政変はよい例だ。同地の君主アンニーバレ・ベンティヴォッリ卿がカンネスキ家に暗殺されると、市民はベンティヴォッリ家を支持していたので、カンネスキ家を打倒した。

ベンティヴォッリ家の後継者ジョヴァンニ卿はまだ幼かったが、市民はアンニーバレの遠縁の者を招いて支えながら市を統治し、のちに成人したジョヴァンニ卿が君主の座を継承した。つまり、民衆の好意があれば、君主は陰謀を恐れる必要はないのだ。

解説

内外の敵にどう対応する？

支持率低下は外敵より怖い

第19章は、『君主論』のなかでもとくに長い。その趣旨は、民衆や臣下からの憎悪や軽蔑を逃れることとの重要性だ。

序盤でマキャヴェリは、君主にとっての脅威を外国と国内の民衆に分け、外敵より民衆の憎悪を恐れるべきだと説く。

実際に現代の国際政治をみても、強力な外敵の存在は、かえって国民の結束力を高め、リーダーの対応しだいではむしろ民衆の支持率アップにもつながる。だが、外敵の脅威がない平和な状態でも、民衆に憎まれる態度をとって支持率が極端に下がれば、かんたんに政権は崩壊に向かう。

民衆の支持がない反乱は無謀

さらにマキャヴェリは、民衆が君主を支持していれば反乱は成功しないと説く。

例に挙げられたイタリア北部のボロー

ニャ市では、ミラノ公と手を結んだカンネスキ家のバティスタが反乱を起こした。しかし、領主のベンティヴォッリ家を支持していた市民は、ヴェネツィアやフィレンツェの助力を得て、バティスタを殺害し、反乱の関係者を市から追放した。

逆にいえば、単に従来の君主を打倒しても、民衆の支持と、新たな政権をどのように運営していくかの明確なビジョンがなければ、反乱は成功しないのだ。

日本でいえば、戦国時代に明智光秀が起こした本能寺の変がよい例だろう。光秀は信長を討ったものの、ほかの有力な大名を味方に付けることができず、織田家臣団でライバルだった羽柴秀吉に敗れた。こうした事態は、現代の政権交代や企業の乗っ取りでも起こりうる。関係者の支持を得るための慎重な準備と根回しがなければ、新しいリーダーは組織を掌握できない。

脅威なのは民衆の憎悪

憎まれると反乱を起こす可能性がある

国民の結束力を上げ、支持率を集めるきっかけにもなる

外敵の脅威がなくても民衆の支持率が下がれば政権はかんたんに崩壊する

まとめ

◉外敵より内部の支持率を気にするべき。
◉前の君主を倒すことができても民衆の支持がなければ反乱は失敗する。

あらすじ

第19章 どのように軽蔑と憎悪を逃れるべきか②

フランスは高度な制度で安全と秩序を維持している。その例が高等法院（裁判所）だ。民衆と貴族のどちらも敵に回すと不利になるため、第三の機関として、高等法院を通じて貴族を裁いたり処罰したりして民衆からの支持を維持したのだ。

　このように、反発を受ける仕事はほかの者に任せ、自分は栄誉のみを得るようにすればよい。そして、貴族を重んじるのは大事だが、民衆を敵に回してはいけない。

古代ローマにも、失墜したり暗殺されたりした皇帝は多くいる。

　そこで、マルクス・アウレリウスから、コンモドゥス、ペルティナクス、ユリアヌス、セウェルス、カラカラ、マクリヌス、ヘリオガバルス、アレクサンデル、マクシミヌスまでの皇帝を分析してみたい。

　ローマ帝国は貴族と民衆だけでなく、軍人の残忍さと貪欲が皇帝をおびやかしてきた。民衆は平穏な君主を支持したが、軍人は好戦的な君主を支持したからだ。とくに、新しい君主は軍人の支持を得るのに苦労している。

マルクス、ペルティナクス、アレクサンデルの3人は、質素な生活を送り、正義を愛し、残虐さを嫌い、慈悲深い君主だった。ところが、ペルティナクスとアレクサンデルは悲惨な末路をたどった。

2〜3世紀のローマ皇帝

	名	在位（年）
1	マルクス	161〜180
2	コンモドゥス	180〜192
3	ペルティナクス	193
4	ユリアヌス	193
5	セウェルス	193〜211
6	カラカラ	211〜217
7	マクリヌス	217〜218
8	ヘリオガバルス	218〜222
9	アレクサンデル	222〜235
10	マクシミヌス	235〜238

マルクスは先帝から正当に帝位を継承したから余計な負い目はなく、加えて、力量も十分だったので、民衆も軍人も支持した。

だが、ペルティナクスは、軍人たちの意に反した形で擁立された。しかも、前代のコンモドゥスの治世で堕落した軍人に、禁欲的な生活を課したので憎まれた。ときには人は善行のために憎まれ、堕落した者をあえて放任する必要もあるのだ。

アレクサンデルも善良な君主で、在位中14年間にわたり、刑法を悪用した死罪を役人に実行させなかった。

だが、弱々しい男で母親のいいなりと見なされたので、軍人に軽蔑され、反乱を起こされてしまった。

解説

不満を分散させるにはどうするべきか?

司法の力を利用する

臣下の憎悪を避ける手法として、フランスの高等法院に触れる。13世紀に確立された高等法院は、国王から独立した司法機関で、専門の法律家が貴族や市民の法的な問題を裁いた。

フランスでは中世まで地方領主がそれぞれに裁判権を持っていたが、しだいに高等法院が司法権力を一元的に握り、地方領主の力を制限する役割をはたした。

マキャヴェリは君主による「責任の分散」として司法機関の利用を説いたが、現代の企業間や政界のトラブルでも、法的な権威のある第三者が介入すれば、相手は黙らざるを得なくなることが少なくない。

政権獲得の経緯も重要

ローマ帝国は、マルクス・アウレリウスまでの「五賢帝」と呼ばれる名君による最盛期から、各地の有力軍人が帝位を争う混乱期に突入し、同時に複数の自称皇帝が乱立した。

マキャヴェリは、皇帝と軍人の力関係の問題に加えて、それぞれの皇帝が帝位についた背景を重視している。マルクスのように先帝から正当に帝位を継いだ者は政権が安定しやすいが、政変によって先帝を倒して帝位についた者は、敵対者も多く、民衆や軍人の目を気にしなければならない。

とくに、ペルティナクスは清廉な人物ながら、逆にそれゆえ憎まれたのは皮肉だ。現代でも、非効率な制度やモラハラがはびこる組織を性急に改革しようとしたら、反発を受け、かえって改革を進めた者が下ろされる事例は少なくないだろう。逆に、悪い意味でも正直なので暴言が多く、俗欲を隠さない性格の政治家や経営者が、それゆえ好かれる場合もある。

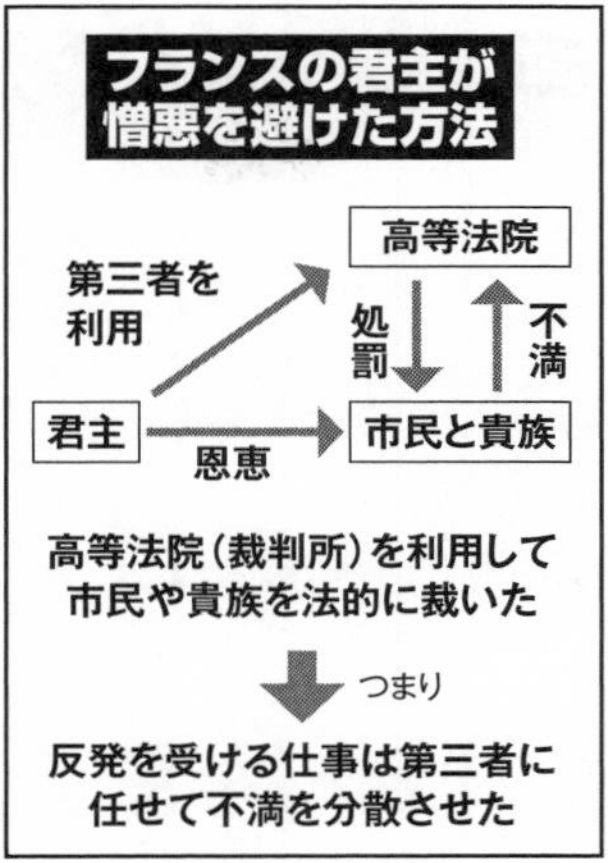

フランスの君主が憎悪を避けた方法

君主	第三者を利用 →	高等法院
		処罰↓　↑不満
君主	恩恵 →	市民と貴族

高等法院（裁判所）を利用して市民や貴族を法的に裁いた

↓ つまり

反発を受ける仕事は第三者に任せて不満を分散させた

まとめ

◉権威のある第三者を利用すれば、目下の人間から憎まれない。
◉善良な君主が憎まれる場合もある。

あらすじ

第19章 どのように軽蔑と憎悪を逃れるべきか③

コンモドゥス、セウェルス、カラカラ、マクシミヌスの4人は残忍な皇帝で、軍人に暴虐を許して民衆を苦しめた。セウェルスは力量があったので、軍人の支持を維持したが、彼以外は非業の死をとげた。

セウェルスは、殺された先帝ペルティナクスの仇を討つという名目で配下の軍を動かし皇帝ユリアヌスを殺害した。元老院はセウェルスを恐れて、皇帝の位をあたえた。だが、東方にはニゲル、西方にはアルビヌスという有力者がいた。セウェルスはふたりを同時に敵にせず、まずアルビヌスを共同皇帝にした上で、ニゲルを討伐する。そのあと、アルビヌスは恩知らずで反逆の容疑があるとして、元老院から討伐の口実をもらい、アルビヌスを討った。

セウェルスは、ライオンの勇猛さと、狐のずる賢さを兼ねた人物といえるだろう。それゆえ、民衆も軍人も抑えつけて、自分の政権を守り抜いた。

セウェルスの息子のカラカラも、すぐれた人物で軍人からは敬愛されている。しかし、ローマやアレクサンドリアで、大量虐殺をやりすぎて憎まれた。周囲の者からも恐れられ、最後は、自軍の百人組隊長に暗殺されてしまったのだ。

自分の死を恐れない暗殺者は避けようがない。身近な人間から恨みを買わないようにするべきだ。カラカラを暗殺した隊長は、皇帝に弟を侮辱された上に殺されたため、恨みを抱いていた。そのような人間を側に置いていたのは、わが身を滅ぼす行為だ。

コンモドゥスは、マルクスから正当に帝位を継いだ。しかし性格は残忍、軍隊には甘く、みずから闘技場に立つなど、皇帝らしくない態度をとったため、かえって軍人から軽蔑されて暗殺されたのだ。

マクシミヌスは好戦的で、軟弱な先帝アレクサンデルを打倒した軍人たちに擁立された。だが、もとは身分が低かったため軽蔑され、残虐行為でさらに悪評が広まり、反乱を起こされ、殺されることになった。

解説

暴虐な君主たちはどんな末路を迎えた？

「ライオンと狐」を合わせた好例

マキャヴェリによる2～3世紀のローマ皇帝の分析はさらに続き、残忍な皇帝が挙げられる。その筆頭がセウェルスだ。

たくみに反乱によって帝位を手に入れ、策略によって有力なライバルを追い落としたセウェルスは、残忍なだけでなく、謀略にもすぐれていた。第18章（144ページ）にもある「ライオンと狐」の両方の力を身につけた君主として、評価されている。

逆に、セウェルスの息子のカラカラは、周囲の人間の憎悪に鈍感だったのが命取りになった。ちなみに、カラカラを暗殺した人物の百人組隊長という役職は、100人の兵を束ねる大隊長で、古代ローマ帝国軍では中級クラスの将校にあたる。

注意のなさは命取りになる

コンモドゥスは、軍人たちに軽く見られ

る態度をとり、破滅の一因となった。闘技場に立ったのは遊び心だったのかもしれないが、あたかも、大臣が似合わないコスプレ姿で政府のイベントに出るように、かえって威厳を損なう結果になったようだ。

マクシミヌスは、もとは羊飼いだったといわれ、努力で人望は獲得できたはずだが、残虐さによってみずから人望を失った。なお、古代ローマ史では、235年に即位した マクシミヌスから、285年に死去したカリヌスの治世までの約50年間を「軍人皇帝時代」と呼ぶ。実質的に軍が皇帝の人事を左右した動乱の時代だ。

残忍タイプの皇帝たちの事例をみていくと、力だけでも政権は維持できず、相応の注意深さも必要だとわかる。いかに財力や権力があっても、パワハラ上司や軽蔑される行動をとるような人物では、部下の忠誠心はつかめないのだ。

失敗した3人の皇帝

カラカラ
周囲の人間の憎悪に鈍感だった

コンモドゥス
皇帝らしくない態度をとり軽蔑された

マクシミヌス
残虐な行為で悪評が広まった

まとめ

◉残忍なだけでも部下は掌握できない。
◉力をもつ者に軽く見られてはいけない。
◉権威がないのに暴力をふるうと嫌われる。

あらすじ

第19章 どのように軽蔑と憎悪を逃れるべきか④

第19章の①～②で挙げてきた以外の残りの3人の皇帝、ユリアヌス、マクリヌス、ヘリオガバルスについては、語るべきこともない。彼らはただ人々に軽蔑され、殺された。

いまの世では、古代ローマ時代ほど軍人を気にかけなくてよい。地方の行政機関と一体化した軍隊をもつ軍人はいないからだ。いまの世で君主に求められるのは、軍人よりも民衆を満足させることだ。

ただ、オスマン帝国と、エジプトのマムルーク朝は例外だ。オスマン皇帝は、つねに身近に1万2000人の歩兵と1万5000人の騎兵を常駐させ、その力で王権を維持しているので、なによりも軍人を優遇する必要がある。マムルーク朝も同じく、軍人が国家の主導権を握っている。

なお、マムルーク朝は世襲の君主とは異なり、ローマ教皇のように、有力者たちによって選定された者が君主となる制度のため、新しい君主の地位も揺るがない。

ローマ皇帝たちの破滅の原因は、憎悪や軽蔑だった。彼らの半分（マルクス、ペルティナクス、アレクサンデル）は穏健で民衆を大事にし、残り半分（コンモドゥス、セウェルス、カラカラ、マクシミヌス）は残虐で軍人を大事にしたが、前者ではマルクス、後者ではセウェルス以外、全員非業の最期をとげた。

彼らはどこで命運が分かれたのか。穏健型のペルティナクスとアレクサンデルは、先帝から正当に帝位を継いだのではないので、マルクスと同様の態度ではうまくいかなかった。一方、残虐なコンモドゥス、カラカラ、マクシミヌスは、セウェルスと同様の態度をとるには、力量不足だった。

したがって、新しい政治体制で君主の座についた者は、マルクスの方針をまねるべきでも、セウェルスのような方針をとるべきでもない。セウェルスからは自分の政権の基礎を固める手腕を学び、マルクスからはすでに確立された政権を保持し、さらなる栄光を得る手法を学ぶべきだろう。

名君と暴君に必要な能力とは？

ただ軽蔑された君主たち

2～3世紀のローマ皇帝のうち、ユリアヌス、マクリヌス、ヘリオガバルスは、いずれも短命政権で人望もとぼしかった。

ユリアヌスは元老院の正式な支持を得たわけでなく、金の力で帝位を手に入れた。このため民衆からの人気は低く、かつ彼には帝位を守る注意深さもなかった。

マクリヌスは軍人出身ながら、皇帝に即位した後は外征での敗戦が続き、軍の支持を得られずに反乱を起こされてしまった。

ヘリオガバルスは、14歳でセウェルスの一族によって擁立されたが、特異な太陽神崇拝や乱れた私生活のため臣下に奇異の目で見られた。変わり者のお坊ちゃまが、たまたま大会社を継いだようなものだ。

マキャヴェリは彼らを「ただ軽蔑され、殺された」と切り捨てる。運よく権力の座につくことができても、それを維持するのは本人の力量しだいなのだ。

必要な能力は状況により変わる

さらに、マキャヴェリは余談のように、オスマン帝国とエジプトのマムルーク朝に触れているが、15～16世紀の地中海一帯では、両者は無視できない一大勢力で、ヨーロッパ人の兵士も雇い入れていた。

タイプ別の必要条件

稳健な君主
- 正当な政権獲得
- 憎まれないこと

残忍な君主
- 武力
- 財力
- 策略
- 憎まれないこと

結論としてマキャヴェリは、マルクスのように穏健なタイプの君主は政権獲得の経緯が正当なものでなければうまくいかず、セウェルスのように残虐なタイプの君主は相当の力量が必要だと説く。

実際に、政治家でも企業の経営者でも、前任者との関係が良好な人間がトップの座についた場合は地位が安定しやすい。そうでない場合は、強引に部下を従わせる必要があるが、そのためにはただ残忍なだけでなく、知略も必要となる。

まとめ

◉穏健な君主は、正当な政権獲得が必要。
◉残虐な君主は、相当の力量が必要。

第20章 城砦などの備えは役に立つのか①

君主のなかには、政権を維持するため臣下を武装解除してしまう者もいれば、征服した都市の内部分裂をそのままにしておく者もいる。また、外敵の脅威を利用した者もいれば、自分の政敵を味方に取りこんだ者もいる。はたまた、城砦を築く者もいれば、それを壊してしまう者もいる。

こうした方法が正しいかどうかは、個々の事例を見ていかなければわからない。以下で可能なかぎり総括的に論じていこう。

歴史上、新しい君主がみずから臣下の武装を解除した例は少ない。それどころか、臣下が武装していなければ武装させてきた。臣下を武装させることではじめて自分の軍になり、政敵だった者も服従を誓い、もとからの支持者は忠実さを維持し、国民は君主の支持者となるからだ。

すべての国民を武装できるわけではないが、軍人たちを大事にすれば、安心して統治できる。軍人は、ほかの者との待遇のちがいによって君主に恩義を感じ、より大きな義務を負えばより大きな報酬を受けると判断する。

しかし、君主が武装を解除すれば、軍人たちは不満を抱くだろう。君主から臆病だとみなされている、あるいは信用ならないとみなされ、不信感をもたれていると思うからだ。これは君主への憎悪につながる。

武装させるか否か

軍人を大事にする

恩義を感じ、大きな義務を負うことで大きな報酬を得られると判断する

↓

正しいと認める

武装を解除する

臆病で、信用されていないと判断し不満を抱く

↓

憎悪につながる

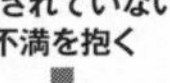

とはいえ、非武装でいるわけにはいかないので、傭兵に頼ることになる。

だが、第12章（108ページ）でも触れたように、いかにすぐれた傭兵隊でも、強い外敵や君主に不満を抱く臣下から、君主を完全に守る力はない。

そのため、歴史上の新しい政権の君主はつねに、自分の軍をもつようにしてきた。

だが、政権に新たな征服地を加えるときは、君主を支持する者をのぞいて、現地勢力の武装を解除する必要がある。

君主を支持した者も、少しずつ力を奪っていき骨抜きにすることだ。そして最終的には、自国軍に編入して一体化させる必要がある。

解説

政権を守るための手段とは？

君主がとるべき防備策

この章は、君主がいかにして政権を守るかについて述べている。

論点は5つだ。①味方を武装解除すべきか ②敵の分断工作 ③外敵の脅威 ④敵対者の利用 ⑤城砦の利点と難点

いずれも、マキャヴェリが生きていた中世後期のヨーロッパでは、君主がとる常套手段だったといえるだろう。

ただし、それぞれの要素についての記述の長さはまちまちで、①と⑤は詳細に触れているが、②と④はやや短めで、③はかなり短めだ。

部下の統制は怠るな

まず、味方を安易に武装解除するなとある。傭兵隊が頼りにならず、自前の軍隊をもつことの重要性は、すでに別の章でも触れている。

正規軍のような直属の部下を多数維持するのは人件費がかさむが、企業もアルバイトや派遣社員に頼っていては、従業員に責任感や忠誠心が身につかない。だから、自前の軍隊のような正社員を手放すべきではない。

そのために直属の部下には、きちんとした仕事や待遇を提供しつづけなければならない。さもないと、彼らは「自分たちは無用なのか？」と不満を抱き、モチベーションも下がってしまうだろう。

また、元は外部の者だった部下には、独立性をもたせず、最終的には自分の組織に組み入れるべきだとしている。はじめのうちは、以前に属していた組織の命令系統を残しておくほうが合理的だろう。だが、放置していれば、組織内にトップの系統とは別の派閥ができてしまう。他社を吸収合併した企業にもあてはまる話だろう。

政権を守るために考慮すべき5つの論点

①味方の武装を解除すべきかどうか

②敵を分断する方法

③外敵の脅威を退ける方法

④敵対する者を利用する方法

⑤城砦の利点と難点について

まとめ

◉組織の維持には正規職の部下が大事。
◉直属の部下は地位の安定を保障する。
◉外部から吸収した者は監督しておく。

あらすじ

第20章 城砦などの備えは役に立つのか②

フィレンツェ人は、ピストイア市民にピサ市を支配する必要を説き、彼らの内部対立をあおった。こうした工作は、各勢力がバランスを保っているときのみ有効だ。外敵が迫ると、市民が分断した都市はすぐ陥落する。弱い党派は外敵と手を組むし、別の党派も独力では自衛できない。

ヴェネツィアは、支配下の諸都市で教皇支持派と神聖ローマ皇帝支持派を争わせ、彼らが団結して反抗しないように仕向けた。だが、これは失敗に終わり、ヴァイラの戦いでヴェネツィアが敗れるや支配下の諸都市は政権を奪い返した。

内部対立は君主の弱さを示す。君主の支配が強固ならば分断工作はきかない、平時はよいが、戦時には分断工作は支配のもろさとなる。

君主は、困難や大敵を乗り越えることで偉大な存在となる。だから、世襲ではない新しい君主が成り上がるときは、敵に自分を攻めさせ、それを打ち破り、いわば敵が出したはしごを登って高みへ進む。それゆえ、すぐれた君主は、外敵の脅威をも利用して乗り越え、自分の偉大さを高める機会にしなければならない。

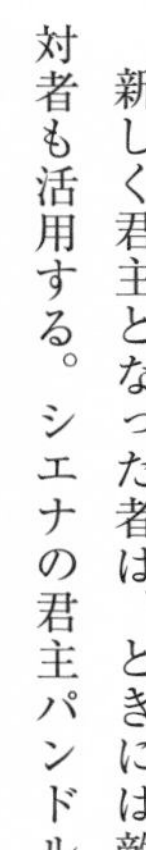

新しく君主となった者は、ときには敵対者も活用する。シエナの君主パンドルフォ・ペトルッチは、かつての政敵と手を組んで政権を支えた。こういう事例は多種多様で語りにくいが、政権発足の初期には敵対した者も、その政権に依存せざるを得なくなれば、味方に引き込むのは容易だ。

彼らは君主の信用を得るため、強い忠誠心を示す必要がある。だから、地位が保障された元からの部下より、新参者のほうが利益をもたらしてくれる。

前政権から協力者に転じた者は、その動機をよく考慮する必要がある。単に前政権に不満があった者なら、味方にしつづけるのはむずかしい。歴史上、みずから征服者に協力した者より、かつての敵対者が真の味方となった例は多い。

解説

外敵との正しい関わり方とは？

内部分裂は破滅を招く

ここでは組織内の派閥対立を利用することの利点と難点が語られている。

中世後期のヨーロッパでは、教皇庁を支持する教皇派（ゲルフ）と、神聖ローマ皇帝を支持する皇帝派（ギベリン）が各地で対立していたので、ヴェネツィアはこれを利用した。

現代の政治家や経営者も、部下の不満をそらすため、あえて組織内の派閥対立を維持している場合があるだろう。

しかし、安易にそれを放置していれば、たとえば災害や疫病の流行など、予想外の問題が起きたとき、国内全体の足並みがそろわず困ることになる。

強敵の出現はチャンス

そして、マキャヴェリは、君主は強敵を倒すことで偉大な存在となるから、大きな敵の出現はむしろチャンスだと語る。

これは歴史上で、多くの例が挙げられる。若いころの織田信長は、桶狭間の戦いで今川義元を討ったことで名を上げた。

どんな分野でも、真に上を目指す人間であれば、強敵が現れたからといって臆するようではなく、むしろ名を上げる好機だと思うぐらいでなければいけない。


さらに、かつて敵対した人物こそが自分の役に立つと語られる。例に挙げられたパンドルフォ・ペトルッチは、政敵だった義父を暗殺してシエナを中心とするトスカーナ地方の実権を握った人物である。暴君として恐れられつつも、たくみに旧敵を味方に引き込み、シエナの繁栄をもたらしたといわれる。

たとえば大企業が吸収合併を行った場合も、吸収された側の幹部を優遇するほうが円滑に経営できるだろう。

かつての敵は利用価値が高い

敵だった人物

旧来の部下

- 敵だった人物は君主の不信感を打ち消すため人一倍努力するので有益
- 以前からの部下は地位が安泰だと思っているのでサボることも

まとめ

◉派閥対立は外敵に対して国を弱くする。

◉強い敵に勝てば自分の権威は高まる。

◉敵から味方になった者は利用価値が高い。

あらすじ

第20章 城砦などの備えは役に立つのか③

君主たちは、自分の身を守るための手段として、城砦を築いてきた。それは馬具のように反逆者を拘束するものにもなり、外敵からの避難場所にもなった。過去の事例をみれば、これはよい方策だ。

だが、いまの世では必ずしも有効ではない。傭兵隊長のニッコロ・ヴィッテリ卿は、自分の政権を維持するためチッタ・ディ・カステッロのふたつの城砦を破壊した。ウルビーノ公グィードー・ウバルドは、チェーザレ・ボルジアによって支配地を追われたが、戻ってくるとその地の城砦を土台から破壊した。城砦がなければ、自分の政権を失うこともないと判断したからだ。ボローニャを支配したベンティヴォッリ家も、戻ってくると同じ行動をとった。

城砦が有効かどうかは、時代、状況によって異なる。ある面では役に立っても、別の面では害をもたらすこともある。

これは、次のように論じることができる。外敵よりも民衆を恐れる君主は、城砦を築くべきだが、民衆より外敵を恐れる君主は、城砦を撤去したほうがよい。ミラノの支配者フランチェスコ・スフォルツァが築いた城は、スフォルツァ家による政権のほかの多くの問題にも増して、困難をもたらしてきたし、今後もそうなるだろう。

城砦都市

だから、最良の城砦があるなら、それは民衆に憎まれないことだ。どんな城砦があっても、民衆が敵に回れば助からない。いまの時代で城砦がもっとも役に立ったのは、フォルリのイェローニモ伯爵が敵に殺され、伯爵夫人が城砦に立てこもったときだろう。彼女は敵の手を逃れ、ミラノからの救援によって政権を回復した。当時は外敵が夫人に敵対する市民を支援することもできなかった。

だが、チェーザレからの攻撃を受けたときは、市民が外敵と手を結んだので、城砦は役に立たなかった。

よって、民衆に憎まれないようにする者は称賛に値するが、城砦を信頼するあまり、民衆を軽んじる者は非難されるべきだ。

解説

城壁も砦も万能ではない？

設備投資には熟慮が必要

本章では最後に、城砦の一長一短について語られる。中世のヨーロッパでは、都市を高い城壁で囲んだり、君主が立てこもるための強固な城を築いたりすることが多かった。だが、維持費がかかり、ときには自分を閉じ込める檻にもなるため、運悪く敵に占領されれば攻め落とすのは困難となる。

ニッコロ・ヴィッテリは、イタリア中部のチッタ・ディ・カステッロを治めたが、教皇シクストゥス4世に追放され、のちに復権して領地に戻り、教皇が築いた城砦を破壊した。ウルビーノを治めたグィード・ウバルドは、2回も権力の座を追われ、城が敵に悪用されるのに懲りたようだ。

スフォルツァ家がミラノに築いた城も、マキャヴェリが書いているように、後世までたびたび戦場となった。

高い設備投資が必ずしも期待した効果を

生むとはかぎらず、むしろお荷物になってしまう場合があるのは、現在も同じだ。

閉鎖的な環境の長短

好例として挙げられたイタリア中部の都市フォルリの政変では、生きのびた伯爵夫人カテリーナが夫の亡きあと、領主の座を継いだ。しかし、城に立てこもったものの、チェーザレ・ボルジアの支援を受けた市民の反乱軍に敗れた。

こうした事例を踏まえて、マキャヴェリは、城砦に頼るより、民衆の支持をつなぎとめることのほうが大事だと説く。

現代では実際に城砦にこもる政治家や経営者はいないが、身を守るつもりで閉鎖的な環境をつくった結果、外敵は退けられても、内部の人間の不満が爆発して組織が崩壊することもある。最終的には、石垣よりも人心のほうが大事なのだ。

強固な城のデメリット

強固な城

- 維持費がかかる
- 自分を閉じ込める檻にもなる
- 運悪く敵に占領されると攻め落とすのが困難

城砦よりも重要なのは民衆の支持をつなぎとめること

まとめ

◉大金をかけて設備投資をしてもあとで重荷になる場合がある。
◉閉鎖的な環境は害になることもある。

あらすじ

第21章 尊敬され名声を得るために君主はなにをなすべきか①

スペイン国王のフェルディナント2世は偉大な君主だった。弱小の地位から身を起こし、キリスト教国の王者となった。彼は王位につくと、まずイスラム教徒が占領しているグラナダを攻撃した。ほかの領主たちに警戒されることを避けつつ自分の勢力を広げ、教会と民衆から資金を集め、軍事力を強大化させた。

さらに、彼は宗教を利用して残虐行為を行った。イスラム教徒やユダヤ教徒を追放し、容赦なくその財産を奪った。同じ口実によってアフリカ、イタリア、フランスにも攻め込んだ。国民は彼の行動に心を奪われ、敵対者は抵抗する間もなかった。

かつてミラノを支配したベルナボ卿も、よい面でも悪い面でも多くの評判を呼んだ。君主は彼のように、機会があたえられたときは、大きな評判を呼ぶように行動し、自分が偉大な才能のもち主だと世に広める努力をすべきだ。

君主は相手に対して、味方か敵かを明確にすることで、民衆から尊敬を得られる。これは中立を守ることより、はるかに利益をもたらす。ふたりの有力者が対立して、一方が勝利したとき、あなたが態度を明らかにしなければ、勝者はあなたを次の標的としてしまう上、敗者もあなたに味方しない。勝者は自分が逆境のとき助けてくれなかった者などいらないし、敗者も自分と苦楽をともにしなかった者を受け入れようとはしないのだ。

かつて、ローマと戦ったシリアのアンティオコス王は、アカイアに対して中立を求めた。一方でローマ人はアカイアに対し、自分たちに味方することを求め、「どっちつかずの態度をとることほど、利益を損ねることはない。あなたたちは尊敬を失い、勝ったほうの餌食になる」と言った。

いつの世でも、味方でない者は中立を求め、味方となる者は武器をもってともに戦うことを求める。決断力のない君主は、当面の危機を避けようとして中立を選び、たいていは破滅におちいる。

解説

リーダーに求められる立ち位置とは？

キリスト教の保護だ。当時のイベリア半島には、イスラム教徒やユダヤ教徒も多くいたが、フェルディナント2世は教会を味方につけ、異教徒の駆逐を唱えて勢力を拡大した。

宗教にかぎらず、明白な大義名分は、強引な行動を正当化する建前となる。

たとえば、現代のビジネスの世界でも、ただ他社を次々と買収したり、極端な価格で他社の顧客を根こそぎ奪ったりすれば非

行動を正当化する大義名分

この章では、マキャヴェリと同時代のすぐれた君主の例として、スペイン国王のフェルディナント2世が挙げられる。

フェルディナント2世は、まずイベリア半島東部のアラゴン王国の君主となり、南部のグラナダ、中部のカスティーリャへと領土を広げた。

その過程で大義名分として掲げたのが、

難されるが、「業界再編を目指す」「新しいテクノロジーの普及のため」などといった大義名分を掲げれば、支持する顧客や投資家は少なくない。

優柔不断は最悪の選択

続いてマキャヴェリは、同盟関係について、中立を選ぶのは下手な策で、立場を鮮明にすべきだと強調する。

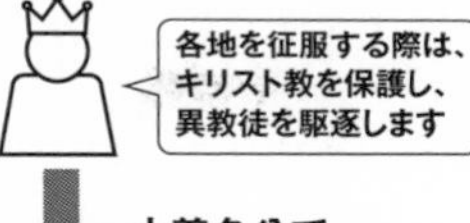

古代シリアのアンティオコス王が例に挙げられるが、日本人には、戦国時代の洞ヶ峠のエピソードがよく知られているだろう。織田信長が明智光秀に討たれたあと、筒井順慶は、光秀につくか羽柴秀吉につくか洞ヶ峠で様子をうかがったという俗説だ。そこから「洞ヶ峠を決めこむ」といえば、優柔不断でどっちつかずの態度をさす慣用句となった。決断することこそ、リーダーに求められる能力なのだ。

まとめ

- ◉強引な行動には明白な大義名分が必要。
- ◉敵と味方への態度は明確にすべき。
- ◉中立では敵も味方も敵に回す危険がある。

第21章 尊敬され名声を得るために君主はなにをなすべきか②

もし自国より有力な国同士が争っているときに一方の側に立って戦争に参加し、味方した国が勝利すれば、勝利した国は恩義を感じる。ふつう、恩義のある相手のことを、かんたんに裏切ることはできない。そのため、たとえ敗れたとしても、同盟した国は恩義を忘れず、次の機会にも力を貸してくれるはずだ。

自国より弱い国同士の戦いに参加する場合は、慎重さが必要だ。どちらか一方を確実に破滅させてしまう上、助けたほうの国はこちらの言いなりになるしかなくなってしまうからだ。

やむを得ない場合をのぞいて、君主は自分より強い者と手を結んで第三者と戦うべきではない。勝利してもその強い者の言いなりになってしまうからだ。ベネツィアはミラノを攻めるためフランスと手を組んだが、これが破滅を招いた。教皇庁とスペインが同盟してロンバルディアを攻略したとき、フィレンツェはやむなく同盟に加わったが、政治の混乱を招いた。

どんな政体も、完全な同盟を結ぶことができると思ってはいけない。むしろ、同盟はすべて疑うべきだ。ひとつの不都合を避けようとすれば、別の不都合にぶつかることになる。思慮深い判断とは、さまざまな不都合の性質をよく見分けて、最悪でないものを選び取ることだ。

また、君主は、力量のある人物を厚遇し、農業であれ商業であれ、人々が安心して自分の仕事をできるように環境を整えなければならない。自分の作品を奪われるのを恐れて職人が手を抜いたり、商人が税金を取られるのを恐れて取引を避けたりしないよう、君主は、意欲をもって仕事をする者には褒賞をあたえ、都市や国家に栄誉をもたらす必要がある。

さらに、民衆のため年間を通じて祝祭やイベントを提供し、各地域や職業の代表者と交流して人間味を示すべきだが、同時に威信ある風格をもたなければならない。

解説

有力者との関係はどうあるべきか？

現代のビジネス界でも、経営の傾きかけた会社が、外国の大資本家と提携したら、実質的に乗っ取られてしまったという事態がたびたび起きている。

そして、同盟関係はすべて疑うべきだとマキャヴェリは述べ、「最悪でないものを選び取る」ことを説いた。政治や戦争、外交関係には最初から明確な正解はない。それゆえ、最悪のものはなにかを判別して、それを避けるように心がけるべきなのだ。

外交関係に正解はない

マキャヴェリは、同盟国との関係のあり方について述べている。

注目すべきなのは、同盟相手が勝った場合だけでなく、たとえ負けても相手は恩義を忘れないと説いている点だ。恩を売る意味でも友好関係は無駄にならない。

また、マキャヴェリは自分より強い相手と同盟を組むことへの警戒を強く説いた。

民衆との適切な距離

敵ではなく、支配下の民衆や実業家との付きあいについても触れている。

マキャヴェリが生きていたルネサンス期の君主は、産業を振興し、芸術家や文化人のパトロンでもあった。すぐれた能力をもつ人間のモチベーションを上げるためには、相応の報酬が必要になる。また、民衆の不満をやわらげる手段として、文化的なイベントを重視することも勧めている。

ただ、マキャヴェリは、民衆に接するにしても、みずからが威厳を失わないように気をつけることも説いた。

近年は、政治家や企業家がネット番組に出演して大衆にアピールをはかったものの、かえって不用意な発言をしてしまうケースもある。リーダーには、重厚な印象も大事なのだ。

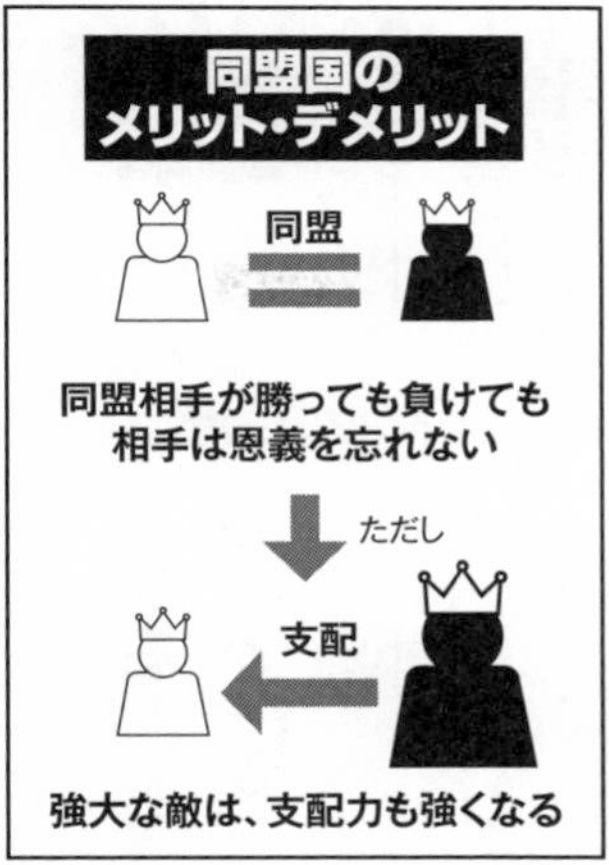

同盟国のメリット・デメリット

同盟

同盟相手が勝っても負けても相手は恩義を忘れない

ただし

支配

強大な敵は、支配力も強くなる

まとめ

- ◉自分より強い相手との協調関係には相手に支配される場合の警戒が必要。
- ◉能力があるものには褒賞をあたえよ。

あらすじ

第22章 君主が身近に置くべき部下について

シエナの君主パンドルフォ・ペトルッチに仕えたアントニオ・ダ・ヴェナーフロ卿を知る者ならば、彼を側近に選んだパンドルフォの有能さを認めるだろう。

人の頭脳は、①自分の頭でものごとを考えて理解するもの　②他人が理解していればそれを聞くもの　③他人の考えを理解できないもの　の3種類だ。

パンドルフォの脳は、②のタイプだとい

君主にとって、片腕となる者をどう選ぶかは重要な問題だ。側近が有能か無能かは、君主自身の力量にかかってくる。

だから、君主を評価するには、その側近を見ればよい。側近が有能で、忠誠心があるという評判ならば、君主も有能だとわかる。なぜならば、有能な者を見抜き、その忠誠心を維持できているからだ。そうでない場合は、君主も力量のない人間と見なしてよい。人選を誤っているからだ。

えるだろう。自身に判断力がなくても、側近に忠誠心があり、判断力があったので善悪を見分けられたのだ。

それでは、君主はどうすれば有能な側近を見分けられるだろうか。それにはよい判別法がある。もし部下が、君主よりも自分のことを優先して考え、すべてにおいて自分の利益を追求していることが明らかなら、忠誠心があるはずはなく、君主はそんな人物を信頼すべきではない。なぜならば、人に仕える者は、つねに君主のことを考えなければならないからだ。

一方、側近の忠誠心をつなぎとめるため、君主も側近を思いやり、名誉と十分な報酬をあたえなければならない。数々の地位と任務を課し、名誉を満たしてやり、君主がいなければ自分はないと考え、より強い欲をもとうとせず、政務の問題点を恐れるように、配慮しなければならない。

側近と君主がおたがいにこのような関係となれば、信頼を結ぶことができる。そうでないときには、君主にとっても側近にとっても、悪い結果がもたらされるだろう。

解説

有能な部下の選び方とは？

部下は君主を映す鏡

マキャヴェリはまず、君主の片腕となる人物は、君主自身を映す鏡だと説く。例に挙げられているシエナの君主で、トスカーナ地方に君臨したパンドルフォ・ペトルッチの手腕は、有能な副官に支えられていた。ただ、マキャヴェリの弁にしたがえば、パンドルフォがもし有能な副官の言葉にも耳を傾けなければ、無能な君主だったということになる。

「うちの部下は無能だ」となげくリーダーがいれば、それは当人に人を見る目や人望がないといっているようなものなのだ。

忠誠心を得るには報酬が必要

現代の政治でも、予想外の災害や疫病など、政治家にとって未知の問題に取り組まねばならないときは、その分野の研究を重ねてきた専門家の意見を聞く場合がある。

専門家の判断を理解して実行できれば有能なリーダーといえるが、それでも有効な対応策を準備できなければリーダー失格だ。

そして、君主より自分のことを優先する部下は信用できないとマキャヴェリは警告する。その一方、君主の側が有能な部下の忠誠心をつなぎとめることの重要性も説いた。実際に、有能な人間は人の下につかなくてもやっていける場合が多いし、有能な分、独立心も旺盛な場合が少なくない。

ここでマキャヴェリは、部下に対しては安易な精神論を語らず、十分な報酬と名誉、仕事に対するモチベーションをあたえることが大事だと説く。せっかく上司や組織に尽くして働いているのに、給与が不十分だったり、パワハラを受けたりするようでは、部下が離れるのも無理はない。よい部下を得るためには、上に立つ人間もまた細心の気配りが必要なのだ。

有能と無能の思考

有能①

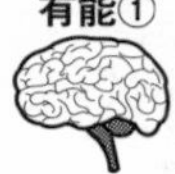

自分で考えて理解・実行できる

有能②

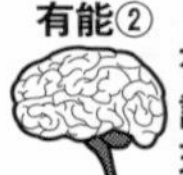

有能な部下に話を聞いて理解・実行できる

無能

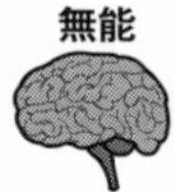

自分の頭で考えられず部下の話もわからない

まとめ

- ◉部下の能力は君主自身の能力をも示す。
- ◉自分を優先する部下は信用できない。
- ◉忠誠心の維持には好待遇が必要。

あらすじ

第23章 いかにしてご機嫌取りを逃れるか①

世の宮廷には、君主にこびへつらう取り巻きがあふれている。人間は自分を甘やかすので、たやすくそういう相手にだまされてしまう。これは、疫病のような問題だ。

彼らから身を守るには、自分は本当のことをいっても怒らない君主だと相手に示すしかない。だが、だれもが君主に対して本音をずけずけといえるようになれば、君主を尊敬する者はいなくなる。

ただ賢明な君主は別の手段をとる。賢い者だけを選んで近くにおき、本音をいう自由をあたえるのだ。

ただし、発言を許すのは自分が質問した話題にかぎるべきである。また、自分はあらゆる分野について質問し、最終的には自分で決めなければならない。

そして、正しい助言者には、自由に話せばより助言が受け入れられると示し、彼ら以外の意見に左右されず、物事を進めなければならない。

さもないと、都合のいいことしか言わない者に囲まれるか、異なる意見を聞くたびにころころと意見を変えることになり、君主としての評価が下がるだけである。

この点に関する典型的な悪例は、神聖ローマ皇帝マクシミリアン1世だ。

君主の周りには
おべっか使いが集まる

側近のルーカ司祭は、皇帝の人物像について「彼はだれとも相談しようとせず、なにひとつ自分ひとりで決めたことがない」と語った。

皇帝は秘密を重んじる性格なので、自分の計画について明かさず、だれにも相談しようとしなかった。

そして、いざ計画を実行するときにはだれもが知ることになり、そこで周囲から反対意見が集まると、かんたんにそれに従って、方針を変えてしまった。

皇帝が、始めたことを次の日にはやめてしまうと、なにをやりたかったのか、どういう計画であったのかだれにもわからない。つまり、「皇帝の決断は信頼できない」と見なされてしまう。

解説

部下のおべっかと忖度を避けるには？

「裸の王様」になるな

建前上は発言の自由があるように思える組織でも、地位の高い人間の周囲には、ご機嫌をうかがってこびへつらう者や、逆らわずに従うだけのイエスマンが集まり、自由とはいえないものだ。

こうした状態を放置していれば、トップにいる人間には耳ざわりのいい話だけが届き、都合の悪い事実は伏せられるようになる。現代の大企業でも、製品に欠陥があって顧客が被害を受けたのに、上司の機嫌を損ねないため隠蔽され、かえって事態が悪化してしまう場合や、本当は会計に損失が出ているのに、経営者の機嫌を損ねないため帳簿がごまかされる場合がある。

これは、童話の「裸の王様」のように、トップの人間がおべっか使いに囲まれて真実を直視しないか、部下が本音を口にしづらい空気があるせいだ。

自由な空気づくりが重要

これを避けるため、マキャヴェリは少数の信頼できる人間にだけは、「なにを言ってもよい」と発言を許すことを説く。ただし、いくら「自由に意見してくれ」と言っても、相手の立場が自分より下であれば、萎縮したり、頼んでもいないのに勝手に忖度をしたりする可能性もある。

そのような余計な気づかいをさせないように、自由な空気をつくるのも君主に重要なことなのだ。

悪い例とされた神聖ローマ皇帝マクシミリアン1世は、人に相談せずにものごとを決め、かんたんに方針を変える人物だった。神聖ローマ帝国は小国の連合体で、政策を一貫させにくかったのだろう。とはいえ、本心を明かさず一貫性のない君主では、側近も苦労したはずだ。

裸の王様ができるまで

地位の高い人物には
おべっか使いや
イエスマンがあつまる

自由な発言を許されても、
萎縮し、忖度して
余計な気遣いをする

**耳ざわりのいい話だけが届き
都合の悪い事実は
伏せられるようになる**

まとめ

- ◉かんたんに、他人の言葉に左右されてはいけない。
- ◉賢い者を近くに置き、本音をいわせる。

あらすじ

第23章 いかにしてご機嫌取りを逃れるか②

君主たる者は、すぐれた助言者を側に置くべきである。ただし、それを利用するのは、自分から意見を聞くときだけであって、助言者が望んだときではない。

むしろ、こちらが聞いていないのに意見しようと思わせてはいけない。ただし、君主のほうは、幅広い意見を聞く質問者とならなければならない。

加えて、君主は自分から質問したことについては、忍耐強く、真実を聞き出さねばならない。それだけでなく、質問した相手が、だれかに対する遠慮から本心をいわないことに気づいたときは、はっきりと怒りを示さなければならない。

優秀な君主とは、よい助言を引き出し、正しい決断ができる者である。評判のよい君主は、やっかみもあってかしばしば「周りによい助言者がいるだけで、君主本人がすぐれているわけでない」と見られるが、それは誤りである。

万が一、例外があるとすれば、たまたま君主に非常にすぐれた片腕がいて、その人物に統治のすべてを任せている場合だろう。

だが、この体制は長く続かない。それだけ優秀な人物ならば、いずれ君主から実権を奪ってしまうだろう。

信頼できる相手にだけ発言させる

複数の者から助言を受ける場合、能力のない君主の下では、助言者の意見にもまとまりがないだろう。さらに、能力がないために複数の意見をまとめることはできない。

助言者たちは、それぞれの利害で動いている。助言者同士のあいだには、それを見抜いて是正する力はなく、そして、持論を述べる以外の方法も考えられない。

結局、助言者たちも、必要に迫られて君主に忠実になっているだけなのだ。いずれは邪悪な正体を見せることになるだろう。

結論を述べると、よい助言とは、だれが語ったことでも君主の思慮によって実現するのであって、よい助言から君主の思慮が生まれるわけではないのだ。

解説

助言者との正しいつき合い方とは？

最終的な責任はリーダーにある

マキャヴェリは、すぐれた助言者を置くことを勧めつつ、相手に好き勝手に語らせるのではなく、自分から質問したときだけ正直に答えるようにせよと説いている。

現代の政治家のアドバイザーとなっている学者や評論家には、ときおり、経済や経営が本来の専門なのに医療や国防についても意見するような、専門外のことまで口出ししたがる者がいる。

いかに信頼できる有能な助言者でも、主導権を握るべきなのは君主のほうであって、けっして助言者のいいなりになってはならないのだ。

さらに、「だれかに対する遠慮から本心をいわないこと」には率直に怒りを示すようにも説いた。この「だれか」は、君主自身かもしれないし、ほかの人物かもしれない。発言しにくい空気があるならば、それは打破しなければならないということだ。

助言者に任せきりでもダメ

また、すぐれた助言者となる片腕がいても、その人物に任せきりの体制は長続きしないという。優秀な人間は、権力欲も旺盛な場合が少なくない。

企業にたとえると、野心的な若手を抜擢したり、評判の高い経営コンサルタントを雇ったりするのはよいが、最終的に方針を決めるのは自分だという意識をもたなければ、企業を乗っ取られてしまうのだ。

そして、名君にすぐれた助言者がいても、その君主がすぐれているのは助言者のおかげではなく、すぐれた助言を聞き入れて実行する君主の力量によるものだと結論づける。たとえ、よい助言があっても、それが君主によって実際に政策に生かされなければ意味はないからだ。

助言者との正しいつき合い方

①好き勝手に語らせず質問時だけ答えさせる

②遠慮せずに本心をいわせる

③助言者に任せきりにしない

↓つまり

主導権を握るべきは助言を聞いて実行する君主

まとめ

- ●正しい助言を聞き、自分で決める判断力が必要。
- ●助言者に任せきりにすると最後は組織を乗っ取られる。

第24章 イタリアの君主たちはなぜ政権を失ったか

これまで述べたことをふまえれば、新しい君主も古くからの君主と同じく安定した政権を築けるだろう。新しい君主は世襲の君主より注目され、すぐれた君主だと知られれば、人々を惹きつけるからだ。

人は遠い過去のできごとより、目前の事態に眼を向ける。現在の状態がよければ、ほかのことは求めようとしない。君主が自分の仕事を怠らないかぎり、人々は支持し、防衛してくれるだろう。

新しい政権を築き、よい法律、すぐれた軍隊、民衆のよい手本によって、政権を強化していけば、君主の栄光は輝く。逆に、王家に生まれても、失態によって政権を失った者は、恥辱をさらすことになる。

ナポリ王やミラノ公など、政権を失った君主たちの失敗を考えると、まず軍備をおろそかにした点が挙げられる。また、民衆を敵に回すなどしたため、貴族たちの支持を得られていなかった。こうした欠陥がなければ、軍隊を戦場に送り出す力のある政権が、敗れることはない。

古代マケドニアのフィリッポス5世は、敵対したローマ人やギリシャ人にくらべれば、大国を治めていたわけではなかった。だが、軍人の気性をよく知り、民衆を味方につけ、貴族の心もつかんでいた。それゆえ、長年の戦いに耐え、いくつかの都市は失ったが、国を守り抜いた。

イタリア各地の君主は、不運のため政権を失ったのではない。自分たちの怠惰を責めるべきだ。海が凪のときに嵐のことを考えないように、平穏な時代に情勢の変化を考えなかったのが原因だ。そうした君主たちは情勢が悪化すると、あとで民衆はふたたび支持してくれると思い込み、ほかの手立てをせずに逃げ出してしまった。

だれかが助け起こしてくれると思いながら倒れる者はいない。もし助けてもらっても、自力で守ったわけではない政権は安全とはいえない。本当に確実に政権を守れるのは、自分自身の力だけなのだ。

解説

政権を守るために必要なこととは？

失脚するのは怠惰な人物

新しい指導者への期待は、いつの時代も大きい。画期的な事業を始めたベンチャー企業家など、新勢力は注目を集め、最初に強い支持層を得れば有利となる。

また、マキャヴェリは、同時代の失敗した君主を非難している。ナポリ王とは、フランスとアラゴン王家によって廃位させられたフェデリーコ1世、ミラノ公とはフランス軍に迫られて逃亡したルドヴィーコ・スフォルツァのことだ。彼らは、非常時の備えを怠り、支持者を大事にしなかった、怠惰な君主だと指摘する。

一方、紀元前2世紀のアンティゴノス朝マケドニア王国を治めたフィリッポス5世も、15世紀イタリア各地の君主たちと同じく立場は不利だったものの、怠惰な態度を取らなかったため、国を守り抜けたと分析している。

平穏なときこそ非常事態に備える

マキャヴェリは、風がやんで波の静かなときに嵐の海を想定するように、平時から非常事態に備えなければならないと語る。

いまが平穏だからといって、ずっと平穏な状況が続くとはかぎらない。そのため、災害対策や保険、非常時用のマニュアルを用意しておく必要があるのは、現代でも同じことだろう。

こうした備えを怠れば、守ってきた地位を失う事態にもなる。

そうして失脚した政治家が別の政党を味方につけたり、経営の傾いた企業が別の有力な企業と提携して再建をはかったりするケースもある。しかし、他人の力に頼りつづけていると、いずれ乗っ取られてしまう危険性があるし、結局は周囲の人々の信頼も得られないのだ。

まとめ

◉新しい政権は民衆の期待から注目される。
◉支持基盤や軍を備えないと政権を失う。
◉平和なときにも有事のための備えが必要。

第25章 運命は人に対してどれほどの力をもつか、また、いかに運命に逆らうか①

世の多くの人々は、この世のあらゆることは神と運命が定めていて、なりゆきに任せるしかないと思っているだろう。

いまの世では、あらゆる人々の予測を超えたことが起こり、日ごとに変化が進んでいる。しかし、わたしたちの自由意志が消えてしまわないように、たとえわたしたちの運命の半分は運命の女神が支配していたとしても、残り半分は人間の手に任せられている。

運命は、流れのはげしい巨大な河川のようなものだ。そこで洪水が起きれば、平原に濁流があふれ、樹木や建物を破壊し、大量の土砂を押し流す。人々は逃げまどうよりない。ただし、人間は河川が平穏な時期に、堤防や土手を築いて備えを固めておくことができる。そして、河川が増水したとき濁流をほかの水路に導いて、水の勢いを弱め、被害を防げるのだ。

運命もこれと同じだ。つまり、運命がそ

の威力を発揮するのは、人間がなにも対応策を取らなかったときで、いわば土手や堤防のない場所をねらってくるのだ。

いま、戦乱と変転のもとにあるイタリアはいわば、土手も堤防もない野原と同じだ。もし、フランスやスペインのように、しかるべき君主によって防衛されていれば、洪水のような混乱もなく、そもそも洪水も起こらないのではないか。いかに運命に立ち向かうかについては、これだけ述べておけば十分だろう。

だが、より細かく見ていけば、なんら性質や方針を変えていないのに、それまで栄えていた君主が、いきなり滅びるといった事態がある。これも、先に述べてきたことが原因だ。つまり、君主が運命に流されているだけだったので、流れが変化するや否や、対応できずに滅んでしまったのだ。君主がそれまで恵まれていたのは、彼の性質が時代に合っていたからで、それが一転して不運におちいったのは、時代の変化に合わなくなったからである。

解説

運命を乗りこなす方法とは？

災害は防げないが対策はできる

マキャヴェリが生きていた中世末期のヨーロッパは、黒死病（ペスト）の大流行による大勢の死や、戦乱が相次ぐなか、神の意志を絶対とみなすカトリック教会の権威が根強かった。それだけに、人間は運命に対して無力で、黙って運命に従うべきだと考える人間も少なくなかった。

だが、マキャヴェリは、運命は「河川の流れ」のようなもので、洪水に備えて堤防や土手を築くように、人間も運命に対応できるという合理的な考え方を示した。

疫病や災害は現代にもあり、それらの発生は完全には予想しきれない。だが、本当に人知がおよばない問題と、事態が起こってから人の手で解決できる範囲を想定して区分することはできる。

その上で、疫病の対策ならばワクチンの備蓄など、いまできる具体的な対策を講ずる、という考え方はいまも有効だ。

変化に対応できなければ滅ぶ

さらにマキャヴェリは、時代や状況の変化に合わせて、行動様式を変えられない君主は身を滅ぼすと警告している。

人は過去の成功体験や長年のなれたやり方にこだわるが、そうした方法論や技術が、その後もいつまでも通用するとはかぎらないのだ。

たとえば、21世紀に急速にスマートフォンが普及したが、日本のメーカーは旧来の技術を捨てられず、なかなか体制を改めなかった結果、他国のメーカーに出遅れることになった。

自動車業界でも、昨今では電気自動車、自動運転車といった新技術が投入された自動車が世界的に普及するなか、日本のメーカーは時代の変化への対応を試されている。

まとめ

◉運命を予見して事前に備えておく。
◉状況に流されるだけでは運命を乗りこなすことはできない。

あらすじ

第25章 運命は人に対してどれほどの力をもつか、また、いかに運命に逆らうか②

人は栄光や富を得るため、さまざまな行動を取る。ある者は慎重だが、ある者は果断で、ある者は暴力的だが、ある者は知略的で、ある者は忍耐強いが、ある者はそうではない。ふたりの人物が同じ態度をとったのに一方だけが目的をはたす場合もあれば、慎重な者と果断な者がどちらも目的をはたす場合もある。成否は彼らの方針が時代の流れに合っていたかで決まる。

時代と状況が方針に合えば栄えるが、時代と状況が変われば、行動様式を改めないと滅びる。これに対応できる者は少ない。生まれつきの性質を変えるのはむずかしいからだ。従来の方針で栄光を手にした者を変針させるのは、より困難だ。慎重な人間は、方針を変える必要に迫られても、対応できずに破滅してしまう。

だが、時代と状況に合わせて変化できれば、自分で運命を変えられるのだ。

教皇ユリウス2世は果敢に行動し、それが時代と状況に合っていた。ボローニャを攻めたとき、ヴェネツィアもスペインも反対し、フランスとは交渉が必要だった。だが、みずから出陣すると、ヴェネツィアは恐れをなし、ナポリの奪回をねらうスペインは、様子見で動かなかった。一方でユリウス2世は、ヴェネツィアをねらうフランス王を味方に引き込んだ。

これらはユリウス2世の果断さによって実現した。交渉で情勢がととのうのを待っていては、成功しなかっただろう。政権が短命だったので、逆境を知らずに世を去ったが、慎重になるべき時代状況になれば、方針を変えないかぎり破滅していたはずだ。

運命は時とともに変わるが、人間は自分の方針にこだわるので、双方が合致しているときはよいが、合致しなくなると人は幸運を失う。つまり、慎重であるより果断なほうがよいと考える。なぜなら、運命とは女性のようなものだからだ。相手を従わせたければ、力強く説きふせるような大胆さがなければならない。

解説

同じ方針でも運命は分かれてしまう？

時代状況で運命は大きく変わる

時代や状況しだいでは、同じ方針を取っても運命が分かれたり、異なる方針を取っても同じような結果になったりする。

実際、企業が先進的な製品やサービスを発表したが、消費者のニーズが追いついていないため売れず、数年後に別のメーカーが同じような商品を発売したら、こんどは大ヒットしたという事例もある。

時代や状況に合致したゆえに成功した人物である教皇ユリウス2世は、歴代のローマ教皇とは一線を画し、1506年にはみずからイタリア中部のペルージャ市やボローニャ市を攻略するなど、イタリア各地での勢力拡大に成功した。

ユリウス2世は1503年に教皇の座につき、10年後に世を去ったが、世襲の君主ならば、20年、30年在位することはめずらしくない。マキャヴェリはユリウス2世を評価しつつ、より長く教皇の座に残りたかったならば、方針を変える必要があったと見ている。

丸投げでは人はついてこない

最後にマキャヴェリは、運命を女性になぞらえ、慎重であるより力ずくでもいい聞かせるような大胆さが必要だと説く。

運命とは女性のようなもの

大胆に行動する

●相手を従わせたければ力ずくで言い聞かせる大胆さが必要

●周りをうかがって意思表示できない人は相手に魅力も示せない

つまり

「運命とは女性のようなもの」by マキャヴェリ

たとえばデートコースでもプレゼントの内容でも、「きみに任せるよ」と言えば、相手の意見を尊重することにもなるが、責任を相手に丸投げしていることにもなる。自分から意志や選択肢を提示できない人間では、相手に魅力も示せないだろう。

運命とのつき合い方も同じで、自分が未来でいいところを見せられる可能性を目の前で示さなければ、相手はほほえんでくれないと、マキャヴェリはいいたかったのだろう。

まとめ

◉時代状況と方針が合えば成功する。
◉古いやり方を変えられない者は滅びる。
◉自分から動かなければ運はつかめない。

あらすじ

第26章 イタリアを防衛し外敵から解放せよ①

いまこそイタリアは名君を求めている。かつて、イスラエルの民がエジプトに隷属したからこそ、モーセは力を示した。キュロス王も、ペルシャ人がメディア人に支配されていたからこそ偉大さを示した。

同じく危機にあるイタリアは、いまこそ、偉大さを示すべきだ。イタリアはイスラエル人のように奴隷にされ、ペルシャ人のように支配され、アテナイ人のようにばらばらだ。指導者も秩序もなく、苦しんでいる。

一時は、神がある人物を遣わしてくれたが、彼も破滅を迎えた。イタリアはいまも、ロンバルディアによる略奪、ナポリやトスカーナへの暴虐など、外敵の脅威から救ってくれる者を求めている。

ひとつの旗印さえあれば、イタリア人は団結するはずだ。

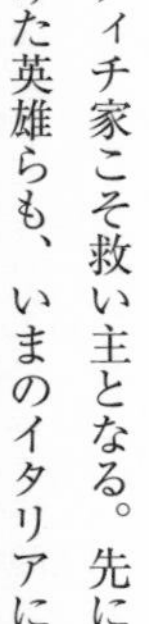

メディチ家こそ救い主となる。先に挙げた英雄らも、いまのイタリアには

対応できない。神はメディチ家を助けるだろう。ここには正義がある。先人は「やむを得ない戦争は正義であり、ほかに希望がないとき軍備は救いの手となる」と言った。気運があるところに、困難はない。

　メディチ家が動けば、神は、海を割るような数々の奇跡を示すはずだ。神がすべてを行わないのは、人間がみずから栄光をつかむ余地を残しているからだ。

ロレンツォ・デ・メディチ
メディチ家に『君主論』を書くマキャヴェリ

過去のイタリアの指導者は、新しい軍備や制度を導入できなかったため、祖国解放をはたせなかった。新たな指導者が、画期的な法律や制度を導入し、それらが確立されれば、君主は尊敬される。

　イタリアには、すぐれた手足がある。足りないのは頭だ。各地での小規模な戦闘では、イタリア人は力も技も知略も優秀だが、大きな軍隊ではうまくいかない。指導者の力量不足が原因だ。

　有能な者は無能な指揮官のいうことを聞かない。自分は優秀だと思う者たちを心服させるような、力量にも運にも恵まれた君主がいなかったのだ。

解説

マキャヴェリが君主たちに望んだこととは？

危機を逆に生かす発想

『君主論』の最終章となる第26章は、この書を捧げた相手であるロレンツォ・デ・メディチに対する呼びかけの側面がとくに強い。諸外国におびやかされるイタリアの解放を懇願するような内容だ。

序盤でマキャヴェリは、『旧約聖書』に登場するモーセらを例に挙げつつ、歴史上の英雄たちは、危機的な状況にあったからこそ、その力量を発揮したと説く。逆境こそ真の力を発揮するチャンスだといっているのだ。危機に直面してほかの人物が手をこまねいているときこそ、行動を起こせば相手に抜きんでることができる。

現代でも、せっかくの先端技術や優秀な人材が、なかなか陽の目を見ずにいたが、大きな災害や疫病の流行がきっかけで注目を集め、一気に表舞台に躍り出て評価されるといったことが起こる。

なお、「神がある人物を遣わしてくれた」という部分の人物とは、チェーザレ・ボルジアだとするのが通説だ。本書のチェーザレに対する評価は最後まで一貫して高い。

有能な人間は勝手に動く

マキャヴェリは、個々のイタリア人は有能だとしつつ、その有能さが生かされないのは指導者の力量不足だという。

実際、スポーツの世界では、個々には優秀な選手がそろっているのに、なぜか試合に弱いチームがたまにある。

平凡な人間ならば黙って指導者に従うだろうが、かわりに能力も低い。これに対し、有能な人間は自分で判断する頭があるから、自発的に動くが、それだけに、なかなかコントロールがきかない。だからこそ、有能な人間を生かし切るには、指導者も優秀でなければならないのだ。

優秀な指導者

有能な人間

なかなかコントロールができない

有能な人間を生かせてこそ優秀な指導者といえる

まとめ

◉逆境こそ真の力を発揮するチャンス。
◉有能な者は勝手に動くので、優秀な指導者がコントロールしなければならない。

あらすじ

第26章 イタリアを防衛し外敵から解放せよ②

イタリア人による軍隊は、過去20年間の戦争で、悪い結果を残した。ターロの戦いを筆頭に、アレッサンドリア、カープア、ジェノヴァ、ヴァイラ、ボローニャ、メストリ、いずれも悲惨だった。

よって、尊敬される君主になるには、独自の軍隊が必要だ。有能な兵たちが一体となり、すぐれた君主に統率され、十分に厚遇されれば、さらに有能さを示し、イタリア人の力で外敵を退けられる。

スイスやスペインの歩兵は強力だが、欠点もある。これに対抗する組織をつくれば、勝利できる。スペインの歩兵隊は騎兵隊との戦闘に弱く、スイスの歩兵隊は自分たちと同等の相手には恐れをなす。これは経験からいえることだ。だから、スペインの歩兵隊はフランスの騎兵隊に勝てず、スイスの歩兵隊はスペインの歩兵隊に敗れた。

ラヴェンナの戦闘では、スペインの歩兵隊は、スイスの歩兵隊と同じ陣形をとるドイツ兵と戦った。スペイン兵は小さな盾をもち、素早い動きで敵の槍のあいだから攻撃し、ドイツ兵を圧倒した。騎兵隊が助けに来なければ、ドイツ兵は壊滅しただろう。
こうした各国軍の欠点を分析すれば、騎兵隊にも対抗できるし、新しい歩兵隊をつくり、新たな君主の名を高めることができるのだ。

ゆえに、この機を逃すべきではない。イタリアに念願の救世主が現れたとき、どれほどの愛情で迎えられるだろうか。外敵におびやかされてきたイタリア各地で、強い信念をもち、復讐を求める民衆に、彼を拒否する者がいるだろうか。イタリア人はずっと、野蛮な外敵の支配に耐えてきた。
だから、あなたがこの正義の大事業を引き受けて欲しい。その旗印のもとに祖国は輝き、かつて詩人ペトラルカが記したこの言葉が、現実のものになるだろう。

高潔さをもって暴虐を打ち破る
戦いはすぐに終わるだろう
古代ローマの武勇は過去のものだが
イタリア人の魂はいまも滅んでいない

解説

国を救う人物に求められる能力とは？

敵を正確に分析せよ

1494年のターロの戦いでは、イタリア同盟軍がフランス軍に敗れた。アレッサンドリア、カープア、ジェノヴァもフランス軍に制圧され、1509年のヴァイラの戦いでヴェネツィアは神聖ローマ帝国などのカンブレー同盟軍に大敗し、ボローニャはフランス軍が迫ると、ローマ教皇庁に放棄された。メストリは、ヴェネツィア攻略をはかるスペイン軍に駐留された。

そこでマキャヴェリは優秀な軍隊をもつべきというが、統率者の力量だけでなく、部下を厚遇することに触れているのは重要だ。リーダーが優秀でも、待遇が悪い企業であれば、人はついてこないからだ。

さらに、スイスやスペインの歩兵を具体的に分析している。ラヴェンナの戦闘は、1512年のスペイン軍とフランス軍の戦いだ。「敵を知る」は戦略の基本で、古代中国の戦略書の古典『孫子』にも出てくる。

ビジネスの世界でも、競合する他社の製品の欠点や、他社の営業力が弱い地域、アピールできていない客層などを分析するのは、経営戦略の常道だろう。

民衆の支持が英雄を生む

最後にマキャヴェリは、外敵を駆逐し、祖国を解放する指導者ならば、必ずや人々に支持されるだろうと熱く語る。危機的状況こそ、英雄を求める民衆の願望を強める。これはある意味では、独裁者を求める声ともとれ、乱世特有の危険な思想ともいえる。

ただ、現代の政治やビジネスにおいても、マスコミやSNSを通じたインフルエンサー的な人物の強い影響力や、集団心理に左右されている面は大きい。現在も、ネット上における英雄的な存在・情報を求める心理はあるのかもしれない。

「敵を知る」ことのメリット

スペインの歩兵隊

小さな盾を持ち、素早い動きで相手の槍のあいだを突いて攻撃してくるが、騎兵隊との戦闘に弱い

敵を知り、対抗できる歩兵隊をつくればより強い国となれる

まとめ

- ◉強力な敵も、苦手な分野が必ずある。
- ◉敵を分析すれば強い組織がつくれる。
- ◉乱世では強いリーダーが歓迎される。

参考文献

『君主論』　池田廉 訳／中公文庫
『君主論』　河島英昭 訳／岩波文庫
『60分で名著快読 マキアヴェッリ「君主論」』　河島英昭 監修、造事務所 編著／日経ビジネス人文庫
『今度こそ読み通せる名著 マキャベリの「君主論」』　夏川賀央 訳／ウェッジ
『イタリアの歴史』　クリストファー・ダガン、河野肇 訳／創士社
『30の戦いからよむ世界史（上）』　関眞興／日経ビジネス人文庫
『戦略論の名著』　野中郁次郎 編／中央公論社

◎本書は2021年5月に小社より単行本として刊行されたものに加筆・修正し文庫化したものです。

文庫ぎんが堂

あらすじとイラストでわかる
君主論

2021年10月20日　第1刷発行

著者　知的発見！探検隊

ブックデザイン　タカハシデザイン室
本文イラスト　小河原智子　suwakaho
編集協力　株式会社造事務所
本文執筆　奈落一騎　佐藤賢二

発行人　永田和泉
発行所　株式会社イースト・プレス
〒101-0051 東京都千代田区神田神保町2-4-7 久月神田ビル
TEL 03-5213-4700　FAX 03-5213-4701
https://www.eastpress.co.jp/
印刷所　中央精版印刷株式会社

ISBN978-4-7816-7205-2